La première fois que je rencontre Simone Veil, c'est pour lui proposer un documentaire sur sa vie. Elle me regarde, je me tais. « Qu'est-ce qui vous intéresse chez moi ? – Votre chignon, madame. » Je la sens ébranlée. Elle me raconte qu'aucune femme de son convoi n'a été rasée complètement et que cela lui a sauvé la vie. Sans le savoir, j'avais touché un point essentiel de sa déportation. Ce premier récit entraîna tous les autres.
Dès cette rencontre, qui dura plus de trois heures, une forme d'intimité se créa. Une amitié se noua, qui nous lia jusqu'à sa mort.

David Teboul

À Albert Bulka   (28 juin 1939 - 16 avril 1944)

- À La Ciotat. J'ai un an.

- Milou et moi. J'aime beaucoup cette photo.
  Je me tiens serrée contre elle.
  Elle ne faisait jamais de bêtises, pas comme moi.

- Maman et moi au jardin Alsace-Lorraine à Nice,
  en 1929.

- Moi à gauche, Denise, ma cousine Claude, Milou,
  mon cousin Poucet et Jean.

- Les vacances à La Ciotat.

- J'aimais la nature, les fleurs et la mer.

- Moi, avec mes nattes,
  peu de temps avant la déportation.

Simone Veil   L'Aube à Birkenau

Récit recueilli par David Teboul

Simone Veil
L'Aube à Birkenau

les arènes

23 Le chignon de Simone Veil

51 L'aube à Birkenau

139 Simone et Denise

193 Simone et Marceline

229 L'adieu de Marceline à Simone
     Discours prononcé lors des obsèques de Simone Veil

235 Simone et Paul

283 1947, Simone témoigne pour la première fois

287 Le Kaddish sera dit sur ma tombe

L'éditeur de cet ouvrage s'engage dans une démarche de certification FSC® qui contribue à la préservation des forêts pour les générations futures.

Pour en savoir plus :
www.editis.com/engagement-rse/

Le Code de la propriété intellectuelle n'autorisant, aux termes de l'article L. 122-5, 2° et 3° a, d'une part, que les « copies ou reproductions strictement réservées à l'usage privé du copiste et non destinées à une utilisation collective » et, d'autre part, que les analyses et les courtes citations dans un but d'exemple et d'illustration, « toute représentation ou reproduction intégrale ou partielle faite sans le consentement de l'auteur ou de ses ayants droit ou ayants cause est illicite » (art. L. 122-4).
Cette représentation ou reproduction, par quelque procédé que ce soit, constituerait donc une contrefaçon, sanctionnée par les articles L. 335-2 et suivants du Code de la propriété intellectuelle.

© Les Arènes, Paris, 2019
Tous droits réservés pour tous pays

ISBN : 978-2-266-32040-5
Dépôt légal : novembre 2021

Le chignon de Simone Veil

Nice, c'est une oasis au bord de la mer,
avec des forêts de mimosas et des palmiers
et il y a des princes russes et anglais qui
se battent avec des fleurs. Il y a des clowns
qui dansent dans les rues et des confettis
qui tombent du ciel et n'oublient
personne.
Un jour, j'irai à Nice, moi aussi, quand
je serai jeune.

Romain Gary (Émile Ajar)
La Vie devant soi

Jacques n'a voulu ni rituel ni oraison.
Il sait par expérience quelle épreuve c'est
pour l'ami qui s'en charge.
Il me demande de vous remercier d'être
venus, de vous bénir, il vous supplie de ne
pas être tristes, de ne penser qu'aux
nombreux moments heureux que vous
lui avez donné la chance de partager avec
lui. Souriez-moi, dit-il, comme je vous
aurai souri jusqu'à la fin.
Préférez toujours la vie et affirmez sans
cesse la survie… Je vous aime et vous
souris d'où que je sois.

Jacques Derrida

Ils ne nous pardonneront pas
le mal qu'ils nous ont fait.

Axel Corti
Welcome in Vienna

J'avais douze ans quand j'ai vu Simone Veil pour la première fois. Ce n'était pas pour de vrai. C'était un mardi soir. On n'avait pas école le lendemain, on pouvait regarder la télévision, c'était un vrai bonheur. En cette année 1979, la rediffusion de la série américaine *King Kong* rencontrait un grand succès.

Chaque mardi, j'hésitais entre *King Kong* et « Les Dossiers de l'écran ». C'était une époque où de nombreux cinéastes engagés faisaient des films qu'on appelait à thèse. « Les Dossiers de l'écran » les diffusaient accompagnés d'un débat. Cette émission était célèbre, son générique et la gravité de sa présentation aussi, je l'aimais beaucoup.

Le mardi 6 mars 1979, le dernier épisode de la série américaine *Holocauste* a été diffusé dans « Les Dossiers de l'écran ». Le thème était « Vie et mort dans les camps nazis ». Le film retrace l'histoire tragique d'une famille juive allemande assimilée, les Weiss ; le père est un médecin généraliste berlinois et la mère, une femme au foyer, ils ont trois enfants, Karl, Rudi et Anna. Mon premier chat avait deux mois, je venais de l'adopter, je le caressais souvent. Je lui avais donné le nom d'un des fils de la famille Weiss, Rudi ; c'était le seul qui ait survécu, en allant se battre chez les partisans puis en partant pour la Palestine. Rudi était mon héros, survivant et combattant ; j'en étais amoureux.

Au cours du débat, après la fin du film, j'ai quitté l'enfance et basculé dans une adolescence précoce. Une table ronde réunissait des survivants, Marie-Claude Vaillant-Couturier, une résistante communiste, et Simone Veil. Simone était au centre, et elle ne me quittera plus jamais. Quelques jeunes gens, présents sur le plateau, avaient fait un voyage à Auschwitz pour l'émission. Ils étaient là comme une sorte d'échantillon représentatif de la jeunesse française ; les plus âgés avaient trente-cinq ans.

Je me souviens du présentateur, de sa voix, de la dramaturgie pesante, qui ajoutaient au récit tragique des invités.

« Je voudrais auparavant donner la parole à Mme Veil pour lui demander s'il était important, vraiment, de montrer ce film aux Français.

— Malheureusement, c'est un film très optimiste parce que les gens sont gentils. Il y a beaucoup de tendresse dans ce film, il y a une grande solidarité, alors que, dans les camps, nous sommes devenus souvent de véritables bêtes. Ce dont nous

avons souffert le plus, c'est d'avoir vécu si proches de la frontière de ce qui distingue l'être humain de l'animal. Le film montre un homme qui prend une couverture sur son ami qui est mort. Malheureusement, c'était souvent sur un vivant qu'on volait la couverture. C'est un film où les sentiments sont bons, où les gens sont gentils, où il y a beaucoup d'échanges entre bourreaux et victimes. Malheureusement, ce que les Allemands avaient détruit et ce que les camps avaient détruit, c'était l'humanité. »
Une jeune téléspectatrice demanda : « Pourquoi, dans tous les pays, n'aime-t-on pas les Juifs ? » Cette question me troubla. À la fin des années 1970, je ne devais pas dire que j'étais juif. Un jour, un camarade de classe, je devais être en CE1 ou CE2, je ne me souviens plus très bien, m'avait fait la remarque que je n'étais pas tout à fait français. J'avais été horrifié. Il ajouta quelques jours plus tard, pour s'excuser, que ça n'était pas très grave, car lui-même était normand. Ce souvenir me revient, comme un écho à cette jeune femme qui demanda : « Pourquoi, dans tous les pays, n'aime-t-on pas les Juifs ? »
Chaque année, à l'occasion de la fête de Yom Kippour, mes parents écrivaient un mot d'excuse en invoquant une maladie. Il était alors impensable de justifier une absence par la célébration d'une fête juive. Je demandais pourquoi à mon grand-père, il me répondait : « Tu sais, c'est mieux de dire ça, car nous, Juifs, on ne nous aime pas toujours. Et puis ça évite les problèmes. » Ça m'avait marqué de ne pas pouvoir dire ce que nous étions, parce que l'écho et la menace de la Shoah étaient encore proches et pouvaient ressurgir.
Je portais en moi un sentiment de double exclusion : un physique métèque qui pouvait faire penser que j'étais arabe et une religion que je pratiquais peu mais que je devais soumettre au secret. J'avais grandi jusque-là avec un désir fou de me fondre dans une francité absolue, inatteignable sans faire silence sur mon identité juive. J'avais le sentiment de devoir affronter deux racismes ; le racisme anti-arabe et l'antisémitisme.
Je revois la fin de l'émission. Simone Veil était là, belle et grave. J'étais subjugué. L'enfant que j'étais percevait son agacement, son irritation et le poids de toutes les questions des téléspectateurs. Un zoom sublime, lent, progressif sur son visage, m'avait hypnotisé. Je m'en souviens encore. Que se disait-elle à cet instant, à quoi pensait-elle ? Pouvait-elle et voulait-elle répondre à toutes ces questions, elle seule ?

J'avais déjà effacé la forme hollywoodienne du film *Holocauste*.
Mon attention se portait sur cette femme encore jeune,
dont le charme et le sourire me plaisaient tellement.
Une discussion subtile et ferme s'engagea entre Marie-Claude
Vaillant- Couturier et Simone Veil sur la distinction entre la
déportation juive et celle de la Résistance. J'ai compris, malgré mon
jeune âge et ma naïveté, qu'il fallait se garder de toute comparaison.
La niaiserie de ce *soap opera* américain, *Holocauste*, tragique,
optimiste et enchanteur à la fois, me semblait loin des atrocités
que Simone Veil évoquait avec retenue, émotion et pudeur.
Sans le savoir, Simone Veil a bousculé les conservatismes et les
préjugés de la société française. Elle a libéré le petit garçon que
j'étais de la culpabilité de la Shoah. Avant ce mardi 6 mars 1979,
j'avais honte de « l'Holocauste ». Il ne fallait rien dire à ce sujet,
c'était comme une charge pesante et peu glorieuse de l'histoire
juive. Après l'intervention de Simone Veil, l'enfant que j'étais
a revendiqué ses appartenances pleinement française et juive
sans les dissocier. Je suis devenu alors, grâce à Simone Veil,
pleinement français.
La Shoah, qu'on nommait autrefois Holocauste, ne m'a plus
jamais quitté. Je n'avais pas treize ans.
Je savais, j'en avais l'intuition intime, qu'un jour, plus tard,
quand je serais grand, je rencontrerais Simone Veil pour de vrai.

À trente ans, le souvenir de cette émotion demeurait vif, j'ai
décidé de réaliser un film pour la rencontrer. Après plusieurs
courriers restés sans réponse de sa part, j'ai appelé sa secrétaire.
La réponse a été définitive : « Mme Simone Veil ne souhaite pas
participer à un film sur sa personne. » Je rappelai une dernière fois :
« Je ne comprends pas pourquoi Mme Simone Veil ne veut même
pas me rencontrer, ne donne pas une chance à ce désir de la voir
et l'entendre. » Simone Veil se saisit du téléphone : « Vous voulez
vraiment me voir ? Soyez demain matin à huit heures et demie à
mon bureau. Je vous préviens, c'est non, je ne vous recevrai pas plus
de dix minutes. Et soyez à l'heure, s'il vous plaît ! »
Le lendemain, j'y suis, elle est en retard, je m'en réjouis.
La balle est dans mon camp, je me persuade qu'elle va accepter.
Elle acceptera, mais pas pour les raisons que j'imagine. Elle arrive
en s'excusant, courtoise et élégante.

Nous parlons des embouteillages parisiens, de la reconnaissance
par le président Chirac de la responsabilité de la France dans la rafle
du Vél' d'Hiv'. Nous critiquons à l'unisson le Grand Prix attribué
à Cannes au film *La vie est belle* de Roberto Benigni. Simone Veil,
que j'apprends à connaître, était une femme aux réactions vives
et tranchantes. Je le savais avant même de la rencontrer.
Elle me regarde, troublée, je me tais. « Qu'est-ce qui vous intéresse
chez moi ? » Je lui réponds : « Votre chignon, madame. »
Je la sens ébranlée. Elle me raconte alors qu'aucune femme dans
son convoi n'a été rasée complètement et que cela lui a sauvé la vie.
Sans le savoir, j'avais touché un point essentiel de sa déportation.
Ce premier récit entraîna tous les autres.
Dès cette rencontre, qui dura près de trois heures, une intimité
se créa. Une amitié se noua, Simone m'accorda de longs entretiens.
Nous nous appelions souvent : « Vous êtes libre quand pour
déjeuner ? » On s'aimait beaucoup, d'une manière pudique et légère.
Nos échanges étaient toujours les mêmes. Il ne nous est jamais
arrivé de ne pas aborder la vie au camp.

Notre voyage à Auschwitz fut douloureux et bouleversant
pour Simone.
Elle y était revenue pour des commémorations, mais elle n'avait
jamais souhaité entrer dans les baraquements de Birkenau où
elle avait séjourné quelques mois. Il faisait froid et beau, nous
avons beaucoup marché. « Rien ne ressemble au camp. Je vois
un immense parc. Birkenau, c'était de la boue, un ciel noir
et des odeurs. »
En entrant dans sa baraque, Simone est étonnée de la proximité
des fours crématoires. Le camp lui semble minuscule ; dans son
souvenir de déportée, tout était plus grand.
Le lendemain, nous nous sommes promenés dans le Vieux
Cracovie. Nous avons passé un long moment dans une
cristallerie et nous avons acheté de magnifiques coupes de
champagne en verre de Bohême. Avant que l'avion ne décolle
pour Paris, Simone m'a parlé des trésors enfouis sous les pelouses
de Birkenau, des bijoux, des pièces d'or.
Je lui ai dit que les paysans polonais méritaient bien ça.
Simone avait besoin de ce rire-là.
Nous n'avons jamais aussi peu parlé du camp que lors de ce voyage,
ni autant ri.

Quelques mois avant la mort de Simone, j'ai reçu un message de Marceline Loridan-Ivens, sa camarade de Birkenau : « David, tu veux voir ta copine Simone ? Accompagne-moi, j'y vais cette semaine. Simone n'est pas très en forme. C'est important qu'on la voie ensemble. Rappelle-moi et ne fais pas le mort. Je t'embrasse, mon chéri. C'est Marceline. »
Je n'avais pas vu Simone depuis quelques mois. Je savais qu'elle n'était pas en grande forme et cela me rendait triste.
Nous sommes allés prendre le thé tous les trois dans une brasserie sinistre place Vauban, à quelques pas de son appartement.
Simone est silencieuse. Nous sommes au début du printemps, tout semble sans odeur, sans saveur, la maladie a fait son travail. Marceline et moi essayons de provoquer Simone sur des sujets qui habituellement la fâchent. Rien n'y fait.
Marceline se tourne vers moi : « J'ai un truc. » Elle me montre une cuillère à café. Me dit de la mettre dans mon sac, ce que nous faisons tous, Simone compris, sous le regard éberlué du serveur. Nous quittons le café, moi presque gêné, Marceline victorieuse et Simone acquiesçant. Marceline me raconte que les cuillères étaient des diamants au camp, que les filles se battaient pour ne pas se les faire voler, c'était un vrai marché noir. Ces cuillères permettaient de ne pas avoir à laper la mauvaise soupe de Birkenau. « Ça, tu vois, David, ajoute Marceline, tu ne peux pas comprendre, c'est un truc de filles de Birkenau. » La maladie n'avait pas tué le souvenir du camp, il était encore là et, lui, bien vivant.
Après avoir quitté Simone, Marceline et moi marchons ensemble. Elle me raconte Simone au camp, comme une dernière fois.
Je ne reverrai plus Simone. Je le sais déjà.

David Teboul

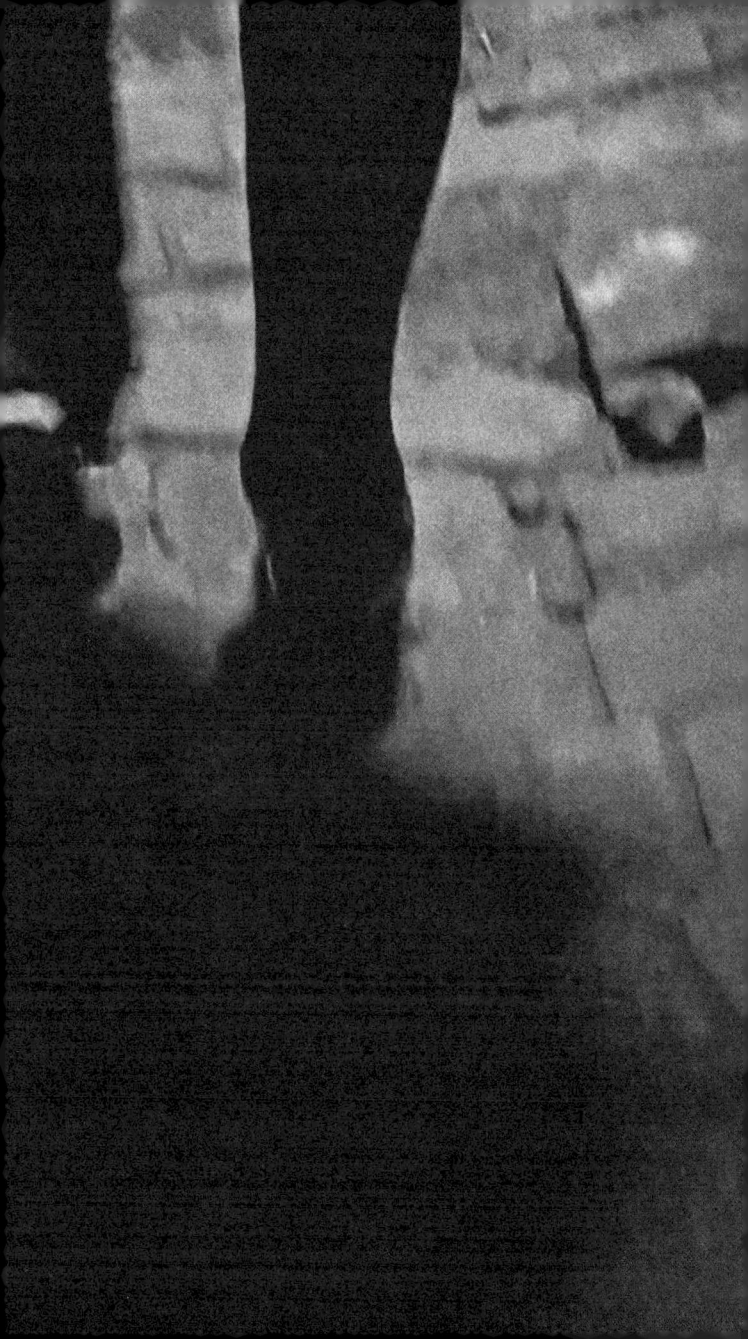

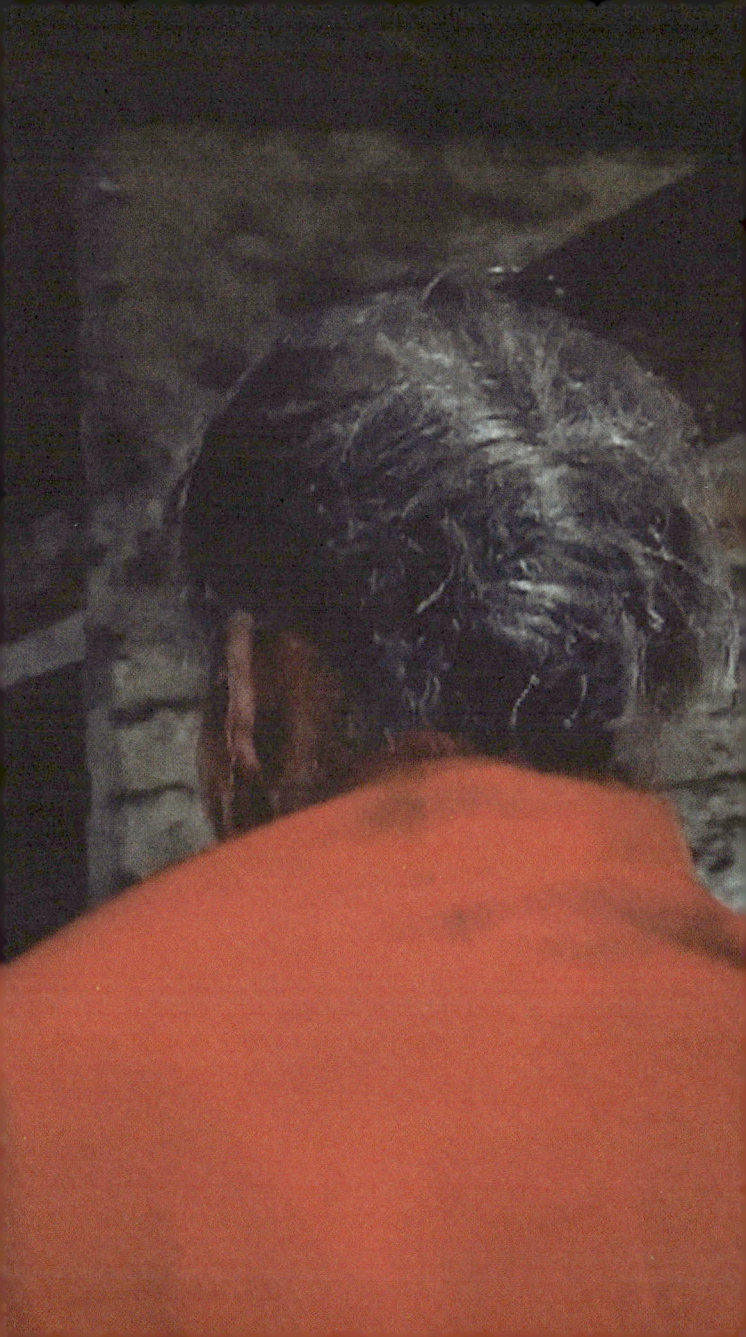

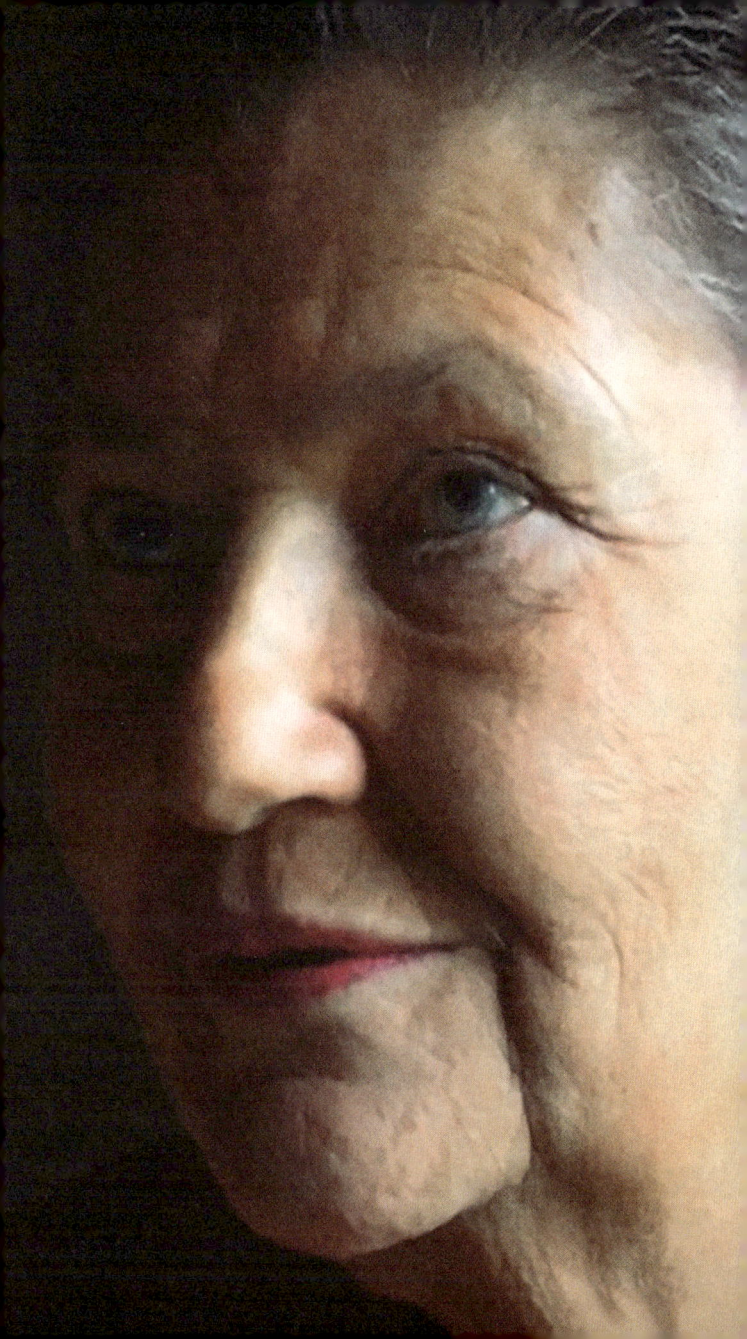

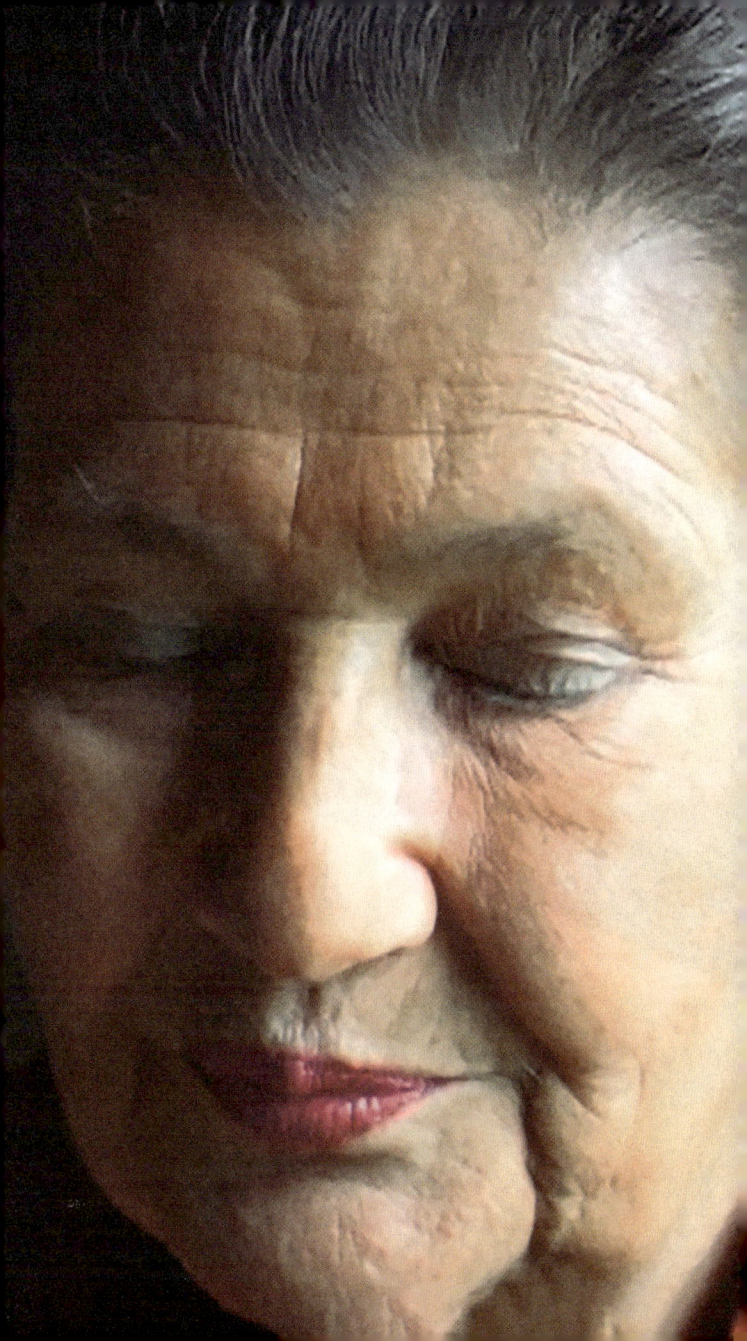

L'aube à Birkenau

Dans ma famille, nous étions juifs, patriotes, républicains et laïques. Les deux branches, celle des Jacob, du côté de mon père, et celle des Steinmetz, du côté de ma mère, vivaient dans cet esprit depuis plusieurs générations.

La famille de mon père venait d'Alsace et de Lorraine.

Du côté alsacien, elle appartenait à une bourgeoisie instruite et aisée où l'on trouvait notamment des médecins. Sur l'histoire de cette branche paternelle, peu de choses me sont parvenues. Elle faisait partie de la communauté juive de Strasbourg tout en étant, depuis plusieurs générations, détachée de la pratique religieuse. Son arbre généalogique ne s'étend que sur un siècle et demi. J'ai cependant conservé deux miniatures de qualité qui viennent de la famille Netter. Ces portraits témoignent d'un certain statut social.

L'autre branche de la famille paternelle était issue de Lorraine, plus précisément des environs de Metz. Son histoire nous est mieux connue. Il y a quelques années, mon mari, mes enfants et moi avons retrouvé une tombe de famille qui remonte à 1760 ou 1770. Un seul membre de l'ancienne communauté juive, un centenaire en pleine forme, subsistait dans ce village. Il veillait sur ces belles tombes anciennes. Le cimetière était intact et bien entretenu. La disparition de cette communauté m'a semblé d'autant plus triste.

Les deux branches paternelles ont commencé à quitter l'Alsace et la Lorraine au moment de la guerre de 1870, peut-être avant. Dès 1900, mon grand-père paternel travaillait à Paris, comme comptable à la Compagnie du gaz. Il semble qu'il ait eu d'autres ambitions. Il vivait avenue Trudaine, dans le IXe arrondissement. Mon père y est né. Le hasard a voulu qu'à dix ans d'intervalle ma mère y naisse aussi.

Pour les Jacob, la laïcité était la règle depuis des générations. Dans son testament, mon grand-père paternel avait précisé qu'il ne souhaitait pas d'enterrement religieux. Mon père était farouchement attaché à ces principes. La pratique religieuse ne tenait aucune place dans sa vie. Un jour, une cousine italienne m'a emmenée à la synagogue, ce fut d'ailleurs ma seule visite à la synagogue avant la guerre. Mon père a manifesté son mécontentement. Il a demandé à cette cousine de ne pas chercher à influencer ses enfants. Seuls comptaient à ses yeux l'humanisme, les valeurs morales, l'art et la littérature. Il avait étudié aux Beaux-Arts avant la Première Guerre mondiale, en section d'architecture, et y avait obtenu la deuxième place au grand prix de Rome. À ses yeux, l'architecture relevait des Beaux-Arts, c'était une profession noble.

Au moment de son mariage, mon père avait terminé ses études. Il a commencé sa carrière d'architecte à Paris, où ses deux premières filles sont nées. Puis il a accepté une situation à Nice. Il pensait que la Côte d'Azur lui donnerait accès à une clientèle aisée. Mes parents ont sans doute hésité. L'un et l'autre avaient passé leur jeunesse à Paris. Ils y avaient été heureux. Longtemps, ils en cultivèrent la nostalgie. À Paris, à les entendre, tout leur plaisait, sauf la tour Eiffel, comble du mauvais goût, qui défigurait la capitale. C'est donc à contrecœur qu'ils ont quitté Paris. C'était un choix raisonnable, un choix de carrière. À l'époque, la Côte d'Azur était à la mode, elle accueillait de nombreux étrangers fortunés, des Anglais en villégiature.

À Nice, mes parents se sont d'abord installés dans un quartier agréable. Ce premier appartement comportait un bel atelier. Et puis la crise de 1929 est arrivée. Je ne peux pas m'en souvenir, car j'avais deux ans. Mais les effets de la crise se sont étalés sur des années. Mon père en a subi les conséquences. Les chantiers se sont raréfiés, l'argent aussi. Nous avons changé d'appartement et nous sommes installés dans le quartier de l'église russe, où il y avait encore beaucoup d'espaces verts. Sans ascenseur, dépourvu de chauffage central, notre nouvel immeuble ne payait pas de mine. Une blanchisserie occupait le rez-de-chaussée. Mais ce quartier si proche de la campagne, avec ses jardins plantés de mimosas et ses parterres de violettes, me plaisait. Des fleurs égayaient notre balcon et nous regardions les étoiles. Peu m'importait la médiocrité de ce logement, avec son poêle qui remplaçait le chauffage central et sa salle de bains rudimentaire. Pour mes sœurs et ma mère, en revanche, la différence était sensible. Maman en souffrait et je le sentais.

Ma mère était issue d'un milieu social plus modeste que celui de mon père. Mon grand-père maternel avait tenu, je crois, dès la fin du XIXe siècle, un petit commerce de joaillerie. Il semble qu'il ait vendu des bijoux fantaisie jusqu'en Russie mais qu'il n'ait pas toujours fait de bonnes affaires. Il semble même qu'il ait perdu beaucoup d'argent. Ce grand-père est mort assez jeune. Dans mon souvenir, ma grand-mère maternelle parlait souvent d'un magasin de fourrures où avait été englouti le peu d'argent familial qui lui restait. Décidément, nous n'avions pas le sens des affaires. Ni les uns ni les autres n'ont fait fortune dans le commerce. Dans la famille de ma mère, on accordait aussi une grande valeur à la culture, ce qui ne coïncidait pas toujours avec la situation professionnelle des uns et des autres.

Maman a passé son baccalauréat avant de commencer des études de chimie. Elle a toujours regretté de ne pas avoir exercé d'activité professionnelle. C'était ce qu'on appelle une femme au foyer. Elle avait eu quatre enfants en cinq ans et elle leur prodiguait une extraordinaire tendresse. J'étais la dernière et donc la plus gâtée, même si la différence d'âge avec ma sœur aînée, Madeleine, surnommée Milou, n'était pas très importante. Quand je dis « tendresse », c'était beaucoup plus que cela. Maman s'occupait sans cesse de ceux qui l'entouraient. Je ne la voyais jamais faire quelque chose pour elle seule. C'était quelqu'un de tout à fait exceptionnel. Spontanément, elle ne pensait qu'à ses enfants, à ses amis, à son mari, à ses proches, et même à des personnes étrangères à la famille.

La crise nous a donc touchés au début des années 1930. De nombreux Niçois se sont retrouvés dans la gêne. Ma mère consacrait beaucoup d'énergie aux associations caritatives. Nos camarades de classe venaient nombreux à la maison. Ils trouvaient chaleur et réconfort auprès de Maman, et comme elle était aussi très belle, cela impressionnait. Je me souviens d'une amie proche de ma mère morte d'un cancer en 1940, le jour même de l'attaque allemande sur la Belgique. Lorsque son mari a été mobilisé dans l'armée française, Maman allait la voir tous les jours. Elle ne cessait de penser aux autres et cela s'est vérifié jusqu'à la déportation. Ses amis de longue date le confirmaient, depuis l'adolescence, elle n'avait pas cessé de se dévouer aux autres. Son charisme était tout à fait singulier.

Le caractère de mon père était différent, plus autoritaire. Je le trouvais même trop directif vis-à-vis de Maman. Sans manquer de générosité, il ne se montrait pas aussi disponible. Son amour pour ma mère avait quelque chose de possessif, d'exclusif. Il semblait penser qu'elle s'occupait trop de nous, et comme je trouvais, moi, qu'elle s'occupait trop de lui, une certaine tension s'installait. Les autres l'acceptaient mieux que moi.

Dans la petite enfance, j'en ressentais une sorte de regret et même de chagrin. En même temps, ce n'était que mon point de vue d'enfant. J'étais la petite dernière à qui on ne refusait rien. Tout le monde ne voyait pas mon père de la même façon. J'ai retrouvé un dessinateur qui travaillait avec lui avant la guerre. Pendant l'Occupation, il a caché mon père dans son appartement. Il a toujours manifesté pour lui un grand attachement. Il en parlait avec beaucoup d'émotion.

Mon père avait ce qu'on appelle des « principes d'éducation ». Il intervenait sur la façon dont on devait se tenir à table, par exemple. On ne disait pas simplement « oui », mais « oui, Maman » ou « oui, Papa ». On ne se levait pas de table sans autorisation, on n'arrivait pas en retard. Les repas de famille se déroulaient à heure fixe, Papa ne tolérait aucun retard. Les places à table étaient toujours les mêmes. Toute mon enfance, j'ai été assise à la droite de mon père. Mon frère se tenait à sa gauche et les deux filles aînées se répartissaient à droite et à gauche de Maman. Or, c'est à côté de Maman que j'aurais voulu m'asseoir. Cela n'a l'air de rien, mais j'en souffrais. Ma position à table me plaçait sous la surveillance de mon père. Dès que je mettais mon coude sur la table, je me faisais gronder.

Lorsque nous nous promenions dans Nice, que nous allions à l'école, et même plus tard, après l'enfance, j'ai toujours voulu que Maman me donne la main. C'était comme si je n'avais pas occupé la place désirée au sein de la famille. Jusqu'à mes quatorze ans, j'en ai souffert. Papa travaillait souvent comme architecte sur des chantiers à La Ciotat et, sitôt qu'il était parti, nous changions de place... J'avais le droit de m'asseoir à côté de Maman et cela suffisait à en faire un jour de fête.

J'ai gardé un souvenir de l'année de mes cinq ans. Nous étions à Paris pour quelques jours, chez la sœur de ma mère, dans une petite maison située près du boulevard Pereire, où nous avons d'ailleurs habité, ma sœur et moi, en revenant de déportation. Maman se retrouvait seule avec nous, sans notre père. Il y a eu un déjeuner avec mes oncles et mes tantes. À table, j'ai insisté pour m'asseoir à côté de Maman. Comme ça n'était pas possible, je suis entrée dans une colère absolument épouvantable et on m'a enfermée dans la cave.

En 1945, je suis repassée devant cette cave et le souvenir de cette colère d'enfant m'est revenu. Il me semble qu'à l'époque ma vie ne dépendait que de Maman. Le soir, il fallait qu'elle vienne m'embrasser, sans quoi je pleurais. Aujourd'hui, sa bonté, son charisme me paraissent extraordinaires. Elle s'épuisait pour les autres, ne pensait jamais à elle. En déportation, ce fut la même chose.

Était-elle heureuse avec mon père ? Je pense que oui, mais les enfants, avant tout, la comblaient. Ils occupaient la première place. Elle était sûrement plus mère qu'épouse. Lorsqu'on a quatre enfants proches en âge, la vie est loin d'être simple, mais Maman accomplissait son devoir. En même temps, elle se voulait très bonne épouse. Les trois filles partageaient la même chambre. Nos parents occupaient une chambre contiguë. Le soir, nous dînions tôt, puis les enfants travaillaient un peu et nous allions nous coucher. Alors, nous faisions tout ce que nous pouvions pour retenir notre mère le plus tard possible. Toutes les cinq minutes, on entendait : « Yvonne, est-ce que tu viens te coucher ? » Les enfants lui disaient toujours : « Non, non, non, n'y va pas ! » En somme, nous nous disputions Maman. Cette jalousie était parfois dirigée contre d'autres membres de la famille, ou des personnes plus lointaines. Même ma tante, que j'aimais beaucoup, prenait à mes yeux trop de place dans la vie de Maman. Les deux sœurs s'écrivaient tous les jours et je revois le grand carton bleu en haut du placard, un carton des Galeries Lafayette, où s'entassaient les lettres de ma tante. Maman et sa sœur avaient une relation exceptionnelle. Elles étaient sans doute plus liées entre elles qu'elles ne l'étaient avec leur propre mère.

Où mes parents se sont-ils rencontrés ? Je ne le sais pas de façon sûre. Ce devait être juste après la Première Guerre mondiale. Mon père étudiait alors aux Beaux-Arts. Sa captivité de 1914-1918 avait transformé son caractère. Lui qui passait avant la guerre pour une personne pleine de fantaisie en était revenu assombri. Les deux familles, Netter et Steinmetz, se connaissaient sans doute par mon oncle médecin, mari de la sœur de Maman.

Ces familles juives venues d'Alsace étaient très assimilées. Avant tout, elles se sentaient françaises et républicaines. Elles vivaient dans le souvenir du procès et de la réhabilitation de Dreyfus. Dans l'entourage de mes parents, les origines et les cultures se mélangeaient. Quant à nous, nous allions au lycée et vivions dans un milieu laïque. Mes sœurs et moi faisions du scoutisme, mais pas chez les éclaireuses israélites, chez les éclaireuses laïques où toutes les origines se mêlaient.

Cependant, à la génération de mes parents, les mariages mixtes n'étaient pas exclus mais ils restaient rares. C'était aussi une question de milieu social. Mes parents fréquentaient des gens de toutes origines et de toute appartenance religieuse. La meilleure amie de ma mère était une catholique pratiquante, et l'une et l'autre abordaient certainement des questions de croyance religieuse. En même temps, mes parents gardaient un nombre important d'amis juifs. Je pense qu'ils partageaient avec eux un certain regard sur la société. Pour ces familles de Français juifs, l'affaire Dreyfus avait énormément compté. Une partie des Français s'étaient battus pour la réhabilitation du capitaine. Après beaucoup d'hésitations, un fort mouvement d'opinion s'était déclenché en sa faveur. La démocratie et la justice l'avaient emporté sur l'antisémitisme. Cette référence comptait beaucoup, mais cela n'empêchait pas mon père de lire des auteurs de droite.

Sur la question des mariages mixtes, mon père n'avait pas de préjugés. Un jour, je lui ai posé la question : « Est-ce que ça t'ennuierait si je me mariais avec quelqu'un qui ne soit pas juif ? » J'avais peut-être alors un garçon en tête, je ne sais plus, je voulais savoir ce qu'il en pensait. Ce devait être en 1943, en pleine Occupation. Et mon père m'a répondu : « Oh, non ! Le mariage est une décision individuelle, personnelle, et jamais je n'essaierais de t'influencer, mais moi je n'aurais pas épousé quelqu'un qui ne soit pas une Juive ou une aristocrate. » Comme cette réponse m'étonnait, il a continué : « Pour moi, la culture, c'est quelque chose de fondamental, et dans les familles juives ou aristocratiques, le livre existe depuis des siècles. » Il estimait qu'il y avait un acquis, un héritage, une transmission de culture liés au livre, et que tout cela comptait. Ce n'était pas une question d'argent ni de snobisme, mais une question de culture.

Quant aux choix des livres à conseiller aux adolescents, mon père se montrait indifférent à ce qui pouvait choquer les mœurs de l'époque. En revanche, il ne supportait pas la « littérature de magazine » ou les « petits romans », souvent traduits de l'anglais, comme ceux de Rosamond Lehmann. Il encourageait la lecture des auteurs classiques. L'année de mes quatorze ans, il m'a offert Montherlant et Tolstoï. À partir du moment où c'était bien écrit, il estimait qu'une adolescente pouvait le lire. Et comme j'étais restée assez innocente, peu prévenue de certaines réalités, ces lectures m'avaient beaucoup étonnée. À l'époque, nous n'avions ni radio ni télévision. Les livres comptaient énormément.

Mon père avait aussi établi comme règle qu'on ne devait parler ni de politique ni d'argent devant les enfants. On n'évoquait le présent qu'à travers le passé, à travers l'histoire. On revenait beaucoup sur la guerre de 1914-1918, mais on évitait d'aborder l'actualité, alors même que nous traversions les grandes grèves du Front populaire. J'étais alors en classe de septième ou de sixième. Certains élèves s'affrontaient, malgré leur âge, sur des questions partisanes. Tout le monde parlait politique, bien plus qu'on ne le fait aujourd'hui. Beaucoup de gens portaient des insignes de telle ou telle obédience. Dans la famille d'une de mes amies éclaireuses, j'avais vu, accrochée au mur, une photo du colonel de La Rocque, le chef des Croix-de-Feu. Chez nous, on ne parlait pas de politique. C'était une question de principe, accentuée sans doute par une certaine divergence de sensibilité entre mes parents. Papa lisait un journal niçois plutôt à droite qui s'appelait *L'Éclaireur*. Quand Papa n'était pas là, Maman achetait *Le Petit Niçois*, ou des hebdomadaires de gauche, par exemple *La Lumière* ou *L'Œuvre*. Du côté maternel, mes oncles et tantes étaient assez engagés dans la vie politique et nettement à gauche. Avec eux, nous parlions de la guerre d'Espagne.

Sur la politique étrangère, les positions étaient tranchées. On craignait une nouvelle guerre mondiale. Certains pensaient qu'il aurait fallu réagir dès 1933, à l'époque du réarmement de l'Allemagne et de l'occupation de la Ruhr. D'autres estimaient qu'il fallait négocier jusqu'au bout et approuvaient les accords de Munich, qui, en 1938, avaient entériné l'invasion allemande en Tchécoslovaquie. Longtemps, Maman a défendu une position différente et novatrice. Elle parlait d'Aristide Briand et de Gustav Stresemann qui avaient tenté un rapprochement franco-allemand. Hélas, déjà audacieuse dans les années 1920, cette vision perdit toute actualité à partir de l'arrivée de Hitler au pouvoir. Quant à mon père, il exprimait régulièrement sa haine farouche des Allemands. Il lui arrivait de dire, après la fin d'un repas : « Encore un que les Boches n'auront pas ! »

Concernant l'antisémitisme, j'ai gardé un souvenir d'enfance. Cela se passait au début des années 1930, j'avais alors à peine cinq ans. Au jardin d'enfants, nous jouions dans la « cour des petits » où venaient parfois des enfants plus âgés. Je revois cette cour avec sa haute glycine que nous escaladions. Soudain, une camarade me dit : « Ma pauvre, tu es juive ! Ta mère brûlera en enfer ! » Je n'y ai rien compris. Je suis rentrée en pleurs à la maison où je n'ai pas reçu beaucoup d'explications. Tenus par une petite fille, ces propos montraient le degré d'antisémitisme qui pouvait régner dans certaines familles. Heureusement, ce n'était pas la tonalité générale du lycée. Les professeurs enseignaient une morale laïque et républicaine. L'antisémitisme leur était étranger. Plus tard, au moment des ligues puis du Front populaire, dans cette effervescence politique de l'avant-guerre, on a entendu, ici ou là, de plus en plus de propos antisémites. Je n'y comprenais rien. À Nice, le climat était sans doute moins tendu. Il pouvait régner, dans certains milieux, une certaine indulgence à l'égard du fascisme, accompagnée d'une condescendance habituelle envers les Italiens.

Et puis il y a eu la montée du nazisme. Mon père était si patriote, il vouait une telle haine aux Allemands, qu'il était difficile de savoir ce qu'il pensait du nazisme en tant que tel. Le réarmement de l'Allemagne l'avait scandalisé. La puissance allemande restait un danger, quel que soit le régime. D'ailleurs, on ne disait pas « les Allemands » mais « les Boches ». Il se méfiait du nazisme, tout comme il s'était méfié du régime de Weimar. Ni plus ni moins. Il ne pouvait pas en comprendre la spécificité.

Lors de vacances à La Ciotat cependant, mes parents avaient rencontré un jeune philosophe, Raymond Aron, qui revenait d'Allemagne et qui les avait mis en garde contre le nazisme. Peu de temps après cette rencontre, des réfugiés allemands puis autrichiens sont arrivés à Nice. Nous avons bien connu Oliver, le fils de Sigmund Freud, et surtout sa petite-fille, Eva Freud. Nous étions en classe et nous faisions du scoutisme avec elle. Ce qu'ils racontaient était absolument épouvantable et nous avions peine à y croire. L'inquiétude montait lentement.

Mais qui pouvait alors penser que la France était menacée ?

En septembre 1939, après la déclaration de guerre, nous sommes restés à Nice. Papa avait passé l'âge de la mobilisation. Maman, comme toujours, cherchait à se rendre utile. Comme beaucoup d'enseignants étaient partis, elle s'est portée volontaire pour être institutrice. Elle s'occupait aussi d'une amie atteinte du cancer.

Dès l'automne, tout s'est déroulé dans un climat étrange. Nous l'avons senti tout de suite. La guerre piétinait, on ne sentait pas l'esprit de mobilisation. Ce malaise a duré jusqu'au printemps suivant. Puis, en mai et juin, les événements se sont accélérés. Le 10 juin 1940, Mussolini a déclaré la guerre à la France et mon père a refusé de se retrouver dans une ville annexée par les Italiens. L'idée de vivre en dehors du territoire national lui était insupportable.

Le 17 juin, Papa nous a mis dans le train pour Toulouse. Nous devions rejoindre ma tante et mon oncle, mobilisé comme médecin dans un hôpital. Nous n'y sommes restés que quelques jours parce que mes oncle et tante ont aussitôt cherché à repartir pour Bordeaux. En juin 1940, les décisions pouvaient changer d'un jour à l'autre. Ils venaient d'entendre le général de Gaulle à la radio et voulaient essayer de rejoindre Londres. Alors, mon père nous a fait rentrer à Nice. Ce retour en train fut une équipée terrible. Maman ne nous avait pas accompagnés. Finalement, nous sommes arrivés chez nous indemnes. Cet été 1940 n'avait déjà plus rien de normal. Et pourtant, qui aurait pu imaginer la suite ?

Je voyais Papa très inquiet, quasiment désespéré. À ses yeux, la défaite était d'abord un déshonneur. Il raisonnait comme un combattant de la Première Guerre mondiale, sans imaginer la catastrophe qui se profilait. Il disait : « Pétain est maintenant à la tête de l'État. Il y a des choses qu'il ne laissera pas faire. Il essaiera de protéger les Français, de défendre le pays. » Un grand nombre de Français partageaient alors cette conviction. Beaucoup croyaient à une répartition des rôles entre de Gaulle et Pétain, l'un combattant à l'extérieur, l'autre essayant de protéger les Français à l'intérieur. On a appelé cela la « thèse du glaive et du bouclier ». L'illusion n'a pas tenu longtemps. Le statut des Juifs s'est imposé à nous, et Papa est passé de l'humiliation patriotique à une immense tristesse.

Il s'est senti exclu de la nation, écarté d'un travail qu'il aimait. Les problèmes matériels se sont aggravés. Déjà, avant la guerre, la situation s'était dégradée, notre train de vie s'était restreint, nous limitions les dépenses. À la fin des années 1930, Papa avait construit une dernière petite villa à La Ciotat. Un bâtiment modeste, loin des fastes des années 1920. Ce projet nous a sans doute permis de survivre pendant les années de guerre. Ce n'était pourtant que le début des difficultés. Mon père n'imaginait pas que les choses puissent aller de mal en pis.

En décembre 1941, son frère a été pris dans l'une des premières grandes rafles de Juifs français à Paris, celle qui a touché tant de médecins, d'avocats et de hauts fonctionnaires. Ce frère était ingénieur, issu de l'École centrale. Il avait servi la France comme officier et sa situation était très proche de celle de mon père. On l'a incarcéré à Compiègne. Plus tard, on l'a libéré parce qu'il était très malade et c'est ainsi qu'il a échappé à la déportation. Or, lors de l'arrestation de son frère, mon père a dit : « Ce sont les Boches qui ont fait cela, les Français n'y sont pour rien. » Il s'accrochait à l'idée que les arrestations se limiteraient à la zone occupée. Il ne pouvait pas imaginer que cela se produirait aussi en zone libre, et que le gouvernement de Vichy non seulement ne s'y opposerait pas, mais accepterait que la police française participe à ces arrestations.

Mes parents n'avaient plus d'argent.

La nasse se refermait à vue d'œil. Nous en parlions tous ensemble, mais qu'avais-je à proposer ? Nous essayions avant tout de nous rassurer. Aujourd'hui, je me demande pourquoi mes parents, comme tant d'autres, sont restés aussi peu conscients du danger. J'essaie de comprendre cette imprudence. La situation financière a certainement beaucoup joué.

Pendant les trois années de l'occupation italienne, les Juifs qui vivaient à Nice ne se sont pas sentis particulièrement menacés. Je pense aux amis proches de mes parents. Beaucoup auraient eu la possibilité de quitter la ville et de se cacher quelque part à la campagne ou à la montagne, mais la plupart n'en ont rien fait. Pourtant, les signes avant-coureurs ne manquaient pas. À partir de 1935, nous avions vu arriver des réfugiés allemands, puis autrichiens. La plupart provenaient de milieux relativement aisés. Ils étaient partis en 1935, abandonnant tout derrière eux. Exerçant des professions libérales, commerçants aisés, intellectuels, ces réfugiés se sont retrouvés à Nice dans une situation très précaire, cherchant n'importe quel travail. Pour eux, une certaine solidarité s'est organisée. Nous ne comprenions pas vraiment ce qu'ils nous racontaient. Leur histoire paraissait invraisemblable. Ils parlaient déjà des camps, ils évoquaient des familles qui avaient reçu une petite boîte contenant des cendres.

Ces récits épouvantables étaient accueillis avec scepticisme. Nous comprenions cependant que ces personnes avaient été chassées, que leur situation était dramatique.

En 1941, ce n'étaient plus des Allemands qui arrivaient, mais des réfugiés d'origine polonaise ou tchèque. Maman en a aidé plusieurs. Ils manquaient de tout. Nous en avons caché quelques-uns, malgré l'absence de place. Nous ne comprenions pas que nous étions aussi exposés qu'eux.
En tant que Français, nous nous croyions encore à l'abri.

Aujourd'hui, ce qui m'étonne encore, c'est que le témoignage de ces réfugiés n'ait pas été mieux entendu et que le désir de fuir, alors qu'il était encore temps, n'ait pas été plus pressant. De nombreux récits le confirment. Il y avait une sorte d'incrédulité générale, de difficulté à prendre conscience. Elle a duré longtemps. Au cours des premiers trajets vers des lieux d'internement, certains auraient pu tenter de s'évader. D'une façon plus générale, les occasions ne manquaient pas. Or, en définitive, peu l'ont fait. Non parce que les autres, ceux qui restaient dans le compartiment, leur avaient dit : « Mais si vous le faites, qu'est-ce qui va nous arriver ? »

Non. Il s'agissait d'autre chose. Il y avait toujours ce sentiment que le pire n'arriverait pas. Nous gardions une forme d'espoir et cet espoir s'est manifesté partout, alors même que nous vivions au cœur du plus grand danger.

Tout s'est accéléré en septembre 1943, lorsque les Italiens ont signé un armistice et évacué la ville de Nice. Les Allemands les ont remplacés et nous avons basculé dans un autre monde. Avant même l'arrivée des troupes allemandes, la Gestapo s'est installée à l'hôtel Excelsior, en plein centre-ville. Alors, la chasse aux Juifs a vraiment commencé. Nos papiers d'identité devaient porter la lettre *J*, pour « juif ».

Pour ma part, j'ai bien senti la nouvelle menace, je ne voulais pas que la famille se rende au commissariat. Et puis tout le monde y est allé. Ma sœur Denise pensait que ne pas le faire revenait à renier ce que nous étions.

Quant à l'état d'esprit de mes parents, il restait plus ou moins le même : « Il faut respecter la loi. Si on n'est pas en règle, nous donnons un prétexte pour nous arrêter. » Ce piège avait été bien pensé, bien conçu par les autorités allemandes, mais également par les autorités françaises. Les familles juives cédaient à la pression et s'enfonçaient elles-mêmes dans la nasse. Mon père et moi en parlions. Mais que faire ? Nous n'avions plus d'argent. À Nice au moins, nous connaissions des gens qui pouvaient nous protéger. Partir sur les routes n'apportait aucune garantie supplémentaire. Cela faisait plutôt surgir d'autres dangers.

Ma sœur Denise et moi étions très liées à deux filles dont les parents tenaient une pharmacie juste en face du lycée. Or, aussitôt après l'évacuation de l'armée italienne, dès début septembre 1943, ces deux filles ont été arrêtées avec leurs parents. C'était la première arrestation parmi nos proches. Nos yeux se sont dessillés. À ce moment-là, mes sœurs Denise et Madeleine, dite Milou, qui faisaient du scoutisme, participaient à un camp d'éclaireuses. Mon père les a prévenues et leur a demandé de ne pas rentrer à Nice. L'aînée, Denise, a rapidement rejoint le réseau de résistance Franc-Tireur, dans la région de Lyon. Ma sœur Milou, elle, est revenue vivre avec nous, car son travail contribuait à notre survie matérielle. Quant à mon frère Jean, il a exploré les environs de Nice à la recherche d'une cache. Il est parti à pied dans l'arrière-pays jusqu'aux Courmettes, une zone boisée et montagneuse qui servait de campement à notre troupe d'éclaireuses. Il y a été mal accueilli. Il a senti qu'il n'y serait pas en sécurité. Il est donc rentré lui aussi. Le danger se rapprochait. La directrice du lycée où j'étais en classe de philosophie m'a convoquée. Deux lycéennes juives avaient été arrêtées. Si la Gestapo ou les SS venaient me réclamer, disait-elle, elle ne pourrait pas me protéger. J'ai donc été priée de rester chez moi.

Pourtant, ce lycée baignait dans une atmosphère très républicaine, tout comme la troupe d'éclaireuses et les autres milieux où nous vivions avant-guerre. Si les positions partisanes s'exprimaient, les positions extrêmes étaient combattues. En histoire, nous lisions le manuel de Malet et Isaac, un classique qui nous accompagnait depuis l'âge de neuf ans jusqu'à la classe de philosophie. Les événements historiques étaient interprétés dans un sens républicain. La Révolution française de 1789 recevait, même en ce qui concerne la Terreur, la bénédiction des historiens : c'était l'acte de naissance de la France moderne. Les victoires de la nation étaient célébrées. En revanche, sur la Commune de Paris, Malet et Isaac avaient une position plus nuancée. De plus, au lycée Albert-Calmette de Nice, tout le monde se connaissait. Ni mes sœurs ni moi n'étions des élèves extraordinaires, mais l'atmosphère était tolérante et amicale. J'y étais entrée au jardin d'enfants, je devais en sortir en classe de philosophie. Quand la directrice m'a annoncé, au bout de trois mois, qu'elle ne pouvait pas me garder, j'en ai beaucoup souffert. Cela ne ressemblait pas à ce que j'avais vécu au lycée. Aussitôt, plusieurs camarades de classe, que j'ai d'ailleurs revues après la déportation, ont apporté mes devoirs aux professeurs, qui ont tout naturellement tenu à les corriger.
L'institution restait bienveillante à mon égard.

Cela se passait en novembre 1943. Maman était beaucoup plus inquiète que Papa ; en tout cas, elle le montrait davantage. Elle avait subi une opération assez grave au printemps 1943. Elle s'en était mal remise. La vie quotidienne était devenue terriblement compliquée. Mes parents s'étaient procuré de fausses cartes d'identité. J'ai cessé d'aller au lycée, j'allais travailler à la bibliothèque municipale avec de faux papiers au nom de Jacquier. À la demande de Maman, des professeurs du lycée ont proposé de nous héberger. Ma sœur est allée chez son professeur de chimie, moi chez ma professeure de lettres classiques, Mme de Villeroy.

Cette famille, traditionnelle et un peu excentrique, habitait un bel immeuble du quartier de Cimiez. J'ai partagé la chambre de leur dernière fille, Brigitte, alors âgée de quatre ans. En 1943, nous n'avions plus ni adresse officielle, ni ressources. Les Villeroy m'ont prise à leur charge. Ils n'ont jamais rien accepté de mes parents en échange.

Le danger montait d'un cran. Tout le monde le percevait. En allant passer mon bac avec mes vrais papiers, sur lesquels figurait mon nom de Jacob, je prenais de très grands risques. La veille encore, j'étais sortie avec mes faux papiers. De façon générale, il est vrai que je m'aventurais le moins possible au-dehors. Je vivais entre l'appartement des Villeroy et leur jardin. La menace planait à chaque instant. Les gens de l'immeuble – vaste, confortable et bien situé – pouvaient se demander qui j'étais, ce que je faisais là et pourquoi je gardais un enfant, chaque matin, tout en préparant mon baccalauréat.

Quant à l'examen lui-même, je me rassurais à l'idée qu'il était organisé par des professeurs français. Comme si c'était une garantie suffisante. J'avais pourtant un sens aigu du danger. Les réfugiés que nous avions cachés en 1941 s'étaient déjà fait arrêter. J'aurais voulu quitter Nice, mais je ne l'aurais pas tenté seule. Nous nous disions : « Pourvu que nous restions ensemble, le reste n'a pas d'importance. »

La situation des gens par rapport à une éventuelle arrestation dépendait de beaucoup de choses. Les étrangers étaient forcément plus vulnérables. Quand on regarde les listes de déportés sur l'ensemble de la période, on trouve deux tiers de personnes d'origine étrangère et un tiers de Français. Les étrangers avaient moins de relations, surtout les derniers arrivés. Tant de barrières se dressaient devant eux : la langue et même l'accent, le manque d'argent et de connaissance du pays. Certains ont pris le risque de se cacher sur place. Albert Grunberg, dans son livre intitulé *Journal d'un coiffeur juif à Paris sous l'Occupation*, raconte qu'il a vécu deux ans dans le grenier de son immeuble. Tous ses voisins, et même les habitants du quartier, le savaient. Il a eu beaucoup de chance.

Psychologiquement, la prise de conscience du risque était très inégale. Beaucoup de Parisiens portant l'étoile jaune ont pensé qu'il leur suffirait de suivre les nouvelles règles pour échapper à la persécution. Une fois pris dans la nasse, ils ont été en proie à une espèce de fatalisme mêlé d'incompréhension.

La plupart avaient le sentiment d'être à la merci du hasard. Ainsi, ceux qui avaient pris les bonnes initiatives à temps n'ont pas toujours été sauvés. À Nice, par exemple, certains Juifs sont très tôt partis se cacher dans les montagnes, dès la période de l'occupation
italienne. Il y avait par exemple des caches au-dessus de Saint-Martin-Vésubie. Ceux-là, les Allemands sont partis en haute montagne pour les arrêter. Inversement, certains ont échappé aux arrestations alors qu'ils se conformaient aux règlements et qu'ils ont porté l'étoile jaune pendant toute l'Occupation.

Quand nous avons obtenu, grâce à je ne sais plus quel réseau, nos faux papiers d'identité au nom de Jacquier, nous nous sommes sentis protégés, mais nous n'avons pas envisagé de partir pour autant. Aller où ? Comment vivre loin de chez nous si nombreux ? Il fallait aussi affronter le danger du transport. Nous avons été très soulagés d'apprendre que mon oncle et ma tante avaient réussi à passer en Suisse. Ils y avaient de la famille et avaient pu s'y rendre. Mais si ma famille avait tenté d'entrer en Suisse sans papiers, sans relations ni caution financière, nous aurions sans doute été refoulés.

Le manque d'argent n'était pas le seul handicap. Il est arrivé que l'argent ne serve à rien. Des familles très connues, très fortunées, ont été arrêtées et déportées.

Ce fut le cas, par exemple, de la famille Camondo. J'avais une camarade de classe issue d'une famille très proche des Camondo. Elle s'était cachée à Caen, ce qui ne s'est pas révélé beaucoup mieux que Nice, mais elle en est sortie saine et sauve. Ses parents, eux, ont été déportés en tant que personnalités juives. Ils sont partis à Bergen-Belsen, et bien qu'assez âgés ils en sont revenus.

Leurs cousins Camondo, eux, ont tous été déportés.

Les épreuves du baccalauréat ont eu lieu très tôt cette année-là, dès la fin du mois de mars 1944. Pourquoi si tôt ? Il semble que les autorités aient craint un débarquement en Méditerranée. À Nice, on avait un peu fortifié le bord de mer et on souhaitait voir le moins possible de jeunesse en ville. En avançant la date de l'examen, on espérait inciter les familles et les jeunes gens à quitter la ville avant l'été. L'oral avait été supprimé. Je suis donc allée aux épreuves. Pendant des mois, je n'avais presque rien lu en dehors du strict programme scolaire, à peine un journal. J'avais cependant travaillé sérieusement, jusqu'au dernier jour. Je me sentais mal préparée en philosophie et j'avais le sentiment de ne plus savoir déchiffrer un texte. Aborder cette matière en lisant les cours et en essayant de composer une dissertation toute seule, cela n'avait rien d'évident. En philosophie, je n'ai jamais comblé mes lacunes. Pour le reste, bizarrement, l'épisode du baccalauréat s'est effacé de ma mémoire. Je ne sais plus où se trouvait le centre d'examens. Je ne me souviens même plus de l'intitulé des épreuves.

En revanche, je me souviens parfaitement du lendemain. Dans la matinée, je suis descendue au jardin avec l'enfant que je devais garder. Au milieu de l'après-midi, j'avais pris rendez-vous avec des camarades niçois, près de l'avenue Georges-Clemenceau. Nous voulions simplement fêter la fin des épreuves. Il faisait beau, nous nous sommes promenés…
Deux Allemands en civil nous ont demandé nos papiers. Avec eux se trouvait une femme, une Russe qui travaillait pour la Gestapo. Mes amis ont montré leurs papiers. Pour eux, ça allait. Lorsque j'ai montré les miens, les deux Allemands m'ont dit que mes papiers étaient faux. J'ai protesté. Ils n'ont rien voulu savoir. Ils m'ont emmenée à l'hôtel Excelsior, l'un des sièges de la Gestapo. Ils ont aussi arrêté deux de mes camarades.

À l'Excelsior, dans mon souvenir, nous avons tous été interrogés dans le même bureau. Il me semble que l'interrogatoire a commencé par moi. Il n'a pas duré longtemps. J'ai protesté : « Mais non, pas du tout, je m'appelle comme ça, je suis née là, etc. » Ils m'ont confondue en me montrant une pile de cartes d'identité non remplies où figurait la même signature à l'encre verte que sur la mienne. Étaient-ils tombés sur un stock de ces fausses cartes ? Les avaient-ils fabriquées eux-mêmes pour tendre un piège ? Je ne l'ai jamais su.

Mais j'ai compris que toutes les cartes de ma famille étaient fausses. Là, j'ai commis une erreur fatale. J'ai demandé à ce camarade qui n'était pas juif et qui s'apprêtait à ressortir libre de prévenir les gens qui m'hébergeaient afin qu'eux-mêmes préviennent ma famille. Or, ce jour-là, mon frère Jean avait manqué un rendez-vous avec Maman. Pour tenter de se retrouver, l'un et l'autre s'étaient rendus dans l'immeuble des Villeroy, ce qu'ils ne faisaient jamais. Ma sœur Milou vivait à un autre étage du même immeuble. Ce fut un tragique concours de circonstances. Après le rendez-vous manqué, Maman est partie retrouver Milou dans l'immeuble des Villeroy, où mon frère, par hasard, avait eu l'idée de venir les chercher. Je ne pouvais pas imaginer qu'ils se trouvaient tous les trois dans l'immeuble. Le camarade parti les prévenir a été suivi par la Gestapo.

Le piège s'est refermé sur eux. Ma famille a été arrêtée le soir même. Je n'avais pensé qu'au risque des faux papiers, pas à ce risque-là. Bien plus tard, certains m'ont dit : « L'un des deux garçons était sûrement de mèche et vous a dénoncés. » Aujourd'hui, je le dis franchement, je n'en sais rien. J'ai revu l'un de ces deux garçons après la guerre. Aucun des deux ne savait que ma sœur était aussi cachée dans cet immeuble.

Ce jour-là, j'avais aussi rendez-vous avec une amie d'enfance que je voyais beaucoup. Ses grands-parents avaient été arrêtés le jour même. Nous devions nous retrouver un peu plus tard et elle s'est inquiétée de ne pas me voir arriver. Elle s'est méfiée, et elle a pu rentrer chez elle en échappant aux contrôles. D'un côté, nous prenions des risques en sortant avec nos faux papiers, de l'autre, nous faisions très attention aux horaires. Nous évitions de nous attendre et de rester trop longtemps dans les lieux publics. Mon imprudence était encore plus flagrante.

L'arrivée de ma famille à l'Excelsior m'a plongée dans le désespoir. Maman, elle, se montrait presque soulagée de me retrouver. Elle redoutait avant tout la séparation. Pourtant, nous n'avions aucune idée de la façon de nous en sortir. Nous essayions seulement de nous convaincre que

le pire n'était pas certain. Nous tentions de nous rassurer les uns les autres. Un regard rationnel sur la situation ne pouvait mener qu'au pessimisme le plus total.
Il fallait espérer quelque chose. Même à Auschwitz-Birkenau, au-delà de tout raisonnement, nous espérions encore quelque chose. D'un point de vue rationnel, mathématique, on a beau se convaincre qu'on ne rentrera pas, on veut croire qu'il reste une chance.

  L'hôtel Excelsior était sale et bondé. En voyant tous les gens qu'on y conduisait par petits groupes, arrêtés dans les rues de Nice ou chez eux, nous avions le sentiment que le piège s'était refermé. Nous entrions dans la tragédie. Nous la sentions sans pouvoir nous la représenter. On nous a annoncé que nous partirions au camp de Drancy, mais nous n'imaginions pas que ce camp ne serait qu'une étape.
La représentation de l'avenir progressait pas à pas.
Ce n'est qu'une fois arrivés à Drancy que nous avons envisagé ce qui nous attendait après.

  En même temps, toutes les personnes parquées dans cet hôtel partageaient un sentiment de rupture définitive. Je ressassais ce qui aurait pu être fait, ce que j'aurais dû faire pour éviter que Maman, ma sœur et mon frère soient arrêtés à leur tour. Comment aurais-je pu ne pas chercher à les prévenir ? J'étais tombée dans le panneau. Des circonstances exceptionnelles avaient joué. Cette culpabilité est toujours en moi.

  Entièrement réquisitionné, l'Excelsior était un hôtel de deuxième catégorie, près de la gare de Nice. Dans les chambres, nous dormions sur des matelas à même le sol. Vu les dimensions de l'hôtel, quelques soldats en armes suffisaient à le garder. Paradoxalement, la nourriture y était correcte, meilleure que ce que nous pouvions nous procurer à l'extérieur. Je me souviens aussi d'un SS d'origine alsacienne qui essayait vaguement de nous réconforter et d'améliorer le quotidien. Nous n'y sommes restés que quatre ou cinq jours.

  On nous donnait la possibilité d'écrire et on nous y encourageait. Il s'agissait de se faire apporter des vêtements, des affaires de toilette, une valise, une couverture…
Maman avait commencé à écrire, et nous, les enfants, avons intercepté, si j'ose dire, la lettre qu'elle adressait à une amie pour lui demander de nous aider.

En effet, tout cela était extraordinairement bien calculé et organisé par les Allemands. Pour nous tranquilliser, la Gestapo entretenait l'illusion que nous allions vivre en famille. Nous devions penser que nous allions survivre dans des conditions acceptables. Il s'agissait pour eux de récupérer tout ce qui pouvait l'être. Car les vêtements et les objets envoyés aux prisonniers étaient aussitôt confisqués. À Drancy, à Auschwitz, les entrepôts en étaient remplis. C'était un trésor de guerre. Il a été distribué ensuite dans toute l'Allemagne. Les vêtements contenaient souvent de l'argent ou des bijoux. Dès l'arrivée, tout cela était confisqué, trié, utilisé, redistribué, et cela représentait des ressources considérables.

Le 6 avril 1944, nous sommes montés dans le train pour Drancy. Juste avant le départ, les SS nous ont lancé cette menace : « Si l'un d'entre vous s'évade, tout le compartiment sera exécuté. » Mon frère Jean s'est dit : « Ma part de risque, je l'assume. Mais les autres, je ne peux pas leur faire courir le risque d'être fusillés ou de subir la moindre conséquence. » Il n'a pas cherché à s'enfuir au cours de ce trajet. Sa réaction fut celle de beaucoup de jeunes gens. On sait aujourd'hui que, au cours de ces transports de déportés, des épisodes d'évasion ont eu lieu sans nécessairement entraîner des représailles. Ceux qui restaient subissaient seulement une surveillance plus rigoureuse. Et pourtant, cette menace, venant des SS ou de simples soldats de la Wehrmacht, suffisait. On m'a rapporté un récit épouvantable, dans l'un de ces derniers trains de juillet 1944, où les évasions ont été plus nombreuses. Un jeune homme s'est enfui sous les malédictions de ses parents qui restaient dans le train et redoutaient les conséquences. Le chantage permanent fonctionnait très bien. Et puis c'était la dernière fois que nous roulions dans un wagon ordinaire. Après, entre Drancy et Auschwitz, c'est devenu beaucoup plus difficile.

À Drancy, nous sommes arrivés ensemble : Maman, mon frère Jean, ma sœur Milou et moi. Cela n'a duré que quelques jours. Nous n'avons été séparés que la veille de notre départ. Jean avait appris que les hommes valides âgés d'au moins seize ans pouvaient choisir de ne pas partir. Cela paraissait très clair, on leur avait annoncé qu'ils avaient de bonnes chances de rester en France et de travailler à la construction du mur de l'Atlantique pour l'organisation Todt. Jean, âgé de dix-huit ans, en a parlé avec nous et naturellement tout le monde lui a conseillé la même chose : « S'il y a une chance de rester en France, il faut le tenter. » Nous n'avons pas discuté longtemps.

Rester en France, c'était conserver une chance de s'évader, d'attendre un éventuel débarquement allié. Pendant toute notre déportation, nous avons gardé l'espoir que Jean était sain et sauf. Bien plus tard, après notre libération, nous avons su que mon père, quelques jours après notre départ, l'avait rejoint à Drancy. Nous avons retrouvé leurs deux noms sur une liste de déportés expédiés à Kaunas, en Lituanie.

De ces jours passés à Drancy, du 7 avril jusqu'à l'aube du 13 avril 1944, je garde surtout le souvenir d'une grande angoisse. Aucune information ne circulait. La vie matérielle, surtout pour la nourriture, était pire qu'à l'hôtel Excelsior. Il y avait aussi des corvées. Pour nous, c'était l'épluchage des légumes. Aujourd'hui, les conditions matérielles pourtant sordides de Drancy s'estompent dans ma mémoire. Elles sont éclipsées par ce que nous avons connu ensuite. Le principal souci de la plupart des détenus était d'échapper au convoi bimensuel. Mais pour cela, il fallait être médecin ou faire partie de la structure administrative. Les autres ne se faisaient pas d'illusion.

Le soir du 12 avril, dans la cour du camp de Drancy, mon frère Jean a été séparé du reste de la famille. Ceux et celles qui partaient dans le convoi du lendemain ont été parqués à part : Maman, Milou et moi d'un côté, Jean de l'autre. Il y avait probablement des barbelés dans cette cour. Je ne m'en souviens pas, mais je sais qu'au petit matin nous pouvions encore nous voir. Avons-nous eu le temps de nous dire au revoir ? Je ne suis pas sûre.

La seule chose qui comptait, lorsque nous sommes montées dans ce train, c'était de rester toutes les trois ensemble, Maman, Milou et moi. Pour le reste, les wagons étaient tous pareils, étouffants, surpeuplés. Ils étaient conçus pour quarante hommes et huit chevaux et ils en contenaient le double. Un emplacement en valait un autre. Certains tentaient juste de se rapprocher de la lucarne grillagée pour respirer.

Des gens de tous âges s'y entassaient. Il n'y avait aucune place pour s'étendre, pour déplier les jambes. Si un enfant s'allongeait en mettant la tête sur les genoux de ses parents, cela obligeait les autres à se serrer. Pourtant, la plupart ne se montraient pas agressifs.
On se plaignait bien sûr, des enfants pleuraient, certains manifestaient leur mécontentement plus bruyamment que d'autres. Il était très difficile de passer d'un endroit à l'autre. À la mi-avril, il ne faisait pas encore trop chaud, mais nous manquions d'air. Très vite, la tinette du wagon s'est remplie, nauséabonde. Nous n'avions rien à boire.
Avant le départ, on nous avait distribué un repas. Nous nous étions demandé : « Est-ce qu'il faut manger, ou non ? Est-ce qu'on ne risque pas d'avoir encore plus soif et d'être ensuite privées d'eau ? » Nous n'avions aucune idée de la durée du voyage. Où allions-nous ?

Il y avait toujours quelqu'un pour regarder par la lucarne. Soudain, le nom de Francfort-sur-le-Main a été prononcé. C'était donc l'Allemagne. Nous espérions que ce voyage soit le plus court possible, tout en redoutant ce qui nous attendait. Par manque d'habitude de ces conditions extrêmes, nous gardions une grande pudeur. La promiscuité, l'odeur de la tinette, l'inconfort… tout cela nous paraissait inimaginable. Mais qu'allions-nous trouver au bout de ce voyage ? Pourrions-nous rester ensemble ?

Il m'est difficile, soixante ans plus tard, de me souvenir de ce wagon avec une grande précision. Dans ce genre de circonstances, il se trouve toujours quelqu'un pour faire la morale aux autres, ou pour essayer de calmer les esprits, ou encore pour chercher à affirmer une autorité.
Il y avait des enfants, des bébés, des personnes âgées, des malades. Certains tentaient d'introduire un peu d'humanité et de respect mutuel. D'autres, bien sûr, cherchaient avant tout à s'installer, à s'imposer, à occuper l'espace. Mais ce que je savais déjà se confirmait : dans une telle situation, il y a ceux qui tiennent compte des autres, qui essaient de protéger les plus faibles, et il y a ceux qui cherchent à s'en tirer au mieux, quitte à piétiner les autres. Quand je dis piétiner, c'est vraiment le mot

qui convient. Quelqu'un qui voulait bouger et se mettre plus à l'aise ne pouvait le faire qu'aux dépens des autres.

À côté des gestes de solidarité, il y avait la loi du plus fort. Elle se manifestait dans l'entassement du wagon, plus encore peut-être qu'à l'intérieur du camp. Dans un espace aussi réduit, les tensions sont particulièrement fortes. Le confinement ajoute à l'angoisse.

Les gens ne se connaissent pas, ils sont de toutes générations, ils arrivent de partout. Je crois que les conditions psychologiques étaient pires que celles du camp. Même ceux qui se connaissaient bien s'épargnaient la fatigue de la conversation. Parler donne soif et il n'y avait pas d'eau. On essayait de ne pas écouter les plaintes, de ne pas se laisser envahir par la détresse des autres.

Au camp, les gens étaient capables de commettre des choses tout à fait monstrueuses les uns vis-à-vis des autres, par exemple de se voler de la soupe, ce qui, dans nos conditions de survie, équivalait à un crime. Mais une grande solidarité régnait aussi, au moins dans les petits groupes. Je n'emploierais pas le terme d'organisation collective, parce que le mot « organisation », dans le contexte du camp, résonne de façon trop particulière. Mais des liens étroits se nouaient, des liens extraordinaires qui ont permis aux gens de conserver un certain sens moral et d'affronter les pires situations. En ce sens, le camp donnait à voir le meilleur et le pire.
Bien sûr, ces solidarités n'étaient pas systématiques.
Tout le monde n'était pas pris en charge. L'altruisme n'était pas généralisé, ni l'acceptation des sacrifices. Mais il était très rare que des personnes soient complètement isolées. Chaque fois qu'il y avait des sœurs, ou une mère avec ses enfants, ou des amis d'enfance, des gens qui s'étaient connus à Drancy par exemple, cela formait de petits groupes soudés.

La première des solidarités était la solidarité familiale.

En avril et en mai 1944, un train reliait Drancy à Auschwitz-Birkenau tous les quinze jours. Chaque convoi embarquait à peu près le même nombre de déportés et le temps du trajet était plus ou moins identique. Tout cela fonctionnait parfaitement.

On partait de bon matin et on arrivait deux jours et demi plus tard, au milieu de la nuit. Cette arrivée nocturne n'était pas due au hasard, elle contribuait à désorienter les nouveaux venus. On nous a débarqués sur un quai avec des lumières violentes, des projecteurs. Les SS étaient là, les chiens aboyaient, et puis des êtres tout à fait étonnants ont surgi. Ils ressemblaient à des bagnards. Des bagnards avec un béret rayé, comme leur uniforme, ce qui ajoutait au spectacle. Les wagons s'ouvraient avec fracas, les SS hurlaient « *Raus, raus !* ».

On ne voyait que des hommes, pas une seule femme. Ces hommes se précipitaient sur les wagons pour en extraire les passagers. Nous en sortions sans nos bagages, à peine si certaines gardaient leur sac à main. Tout le monde se retrouvait sur le quai. Quelques familles, quelques amis parvenaient à rester ensemble. Mais sous la pression des SS, tout allait très vite. Nous étions ahuris, abattus, courbaturés surtout. Les chiens nous mordaient. Le haut-parleur s'exprimait en allemand et en français : « En rang par cinq ! » Tout allait si vite. Nous avons franchi une sorte de portique puis nous sommes passés devant un groupe de SS. Parmi eux se trouvait Mengele, dont je n'oublierai pas le visage. Nous ne savions ni où nous étions, ni ce qui allait nous arriver. Les déportés français, ces personnages habillés en bagnards, ne voulaient rien nous dire, ni sur le lieu où nous nous trouvions, ni sur ce qui nous attendait. Quelqu'un m'a demandé mon âge. J'ai reçu ce conseil : « Dites que vous avez dix-huit ans ! » J'ai obéi. Plus tard, j'ai compris.

Pour notre convoi, la limite d'âge n'a pas joué car une épidémie de typhus avait partiellement vidé le camp. Il restait donc de la place et la sélection a été moins brutale. Ceux qui n'avaient pas encore dix-huit ans n'ont pas été éliminés. On a même laissé entrer des adolescents de quinze ans. Dans d'autres convois, seuls ceux qui avaient entre vingt et vingt-cinq ans ont échappé à la chambre à gaz.

Sur le moment, bien sûr, nous ne savions rien.

Nous ne pouvions pas imaginer une seconde ce qui était en train de se passer. Dans une telle situation, tout ce qu'on imagine est faux. On se contente de vivre chaque instant, sans savoir que l'instant suivant réserve quelque chose d'encore pire.

Nous entendions : « Pour ceux qui sont fatigués, ceux qui sont malades, pour les enfants, il y a des camions, c'est de ce côté-là, vous vous retrouverez ensuite. » Ceux qui ne se dirigeaient pas spontanément vers les camions avaient droit à la « sélection manuelle ». Des gens nous poussaient et criaient : « Par là, par là ! » Hommes et femmes étaient aussitôt séparés, les familles dispersées. Nous nous sommes retrouvés sur plusieurs colonnes, puis trois groupes se sont formés. Ma mère, ma sœur et moi avons eu cette chance, ce privilège, de rester ensemble. Nous n'imaginions pas que les adultes, les enfants et les personnes âgées allaient eux aussi être séparés, après avoir entendu cette parole rassurante : « C'est seulement pour ce soir, vous vous retrouverez ensuite. »

Ensuite, nous avons marché jusqu'au camp. Il faisait nuit, on n'y voyait pas grand-chose. On nous a fait entrer dans une espèce de grand hangar vide, avec un sol en béton. Nous avons gardé nos vêtements, certaines avaient encore leur sac à main. Malgré le manque de sommeil, nous n'avions pas envie de dormir, mais beaucoup se sont assoupies un peu, à même le sol. Au petit jour, enfermées dans le hangar, nous avons été réveillées par des femmes vêtues de robes rayées. « Donnez-nous vos bijoux, votre argent, nous disaient-elles, de toute façon on vous le prendra ! » Elles ont essayé de nous soutirer quelques objets précieux ou simplement utiles.
Voyant cela, une camarade que j'avais connue à Nice et qui portait sur elle un flacon de parfum Lanvin – je me le rappellerai toujours –, plutôt que d'accepter de le donner, a vidé ce flacon sur nous et sur elle. J'ai le même parfum aujourd'hui dans ma salle de bains.
Il me fait penser à elle.

Ensuite, toujours vêtues, nous sommes passées devant une sorte de guichet. On nous a tatoué un numéro sur le bras. En un instant, nous avons compris que nous étions hors du monde. Ce n'était pas une prison ordinaire. Cette mise en scène signifiait notre exclusion. L'effet que cela produisait sur nous était parfaitement calculé.

Après ce tatouage, on nous a dirigées vers une espèce de sauna. Sous les douches, nous nous sommes retrouvées complètement nues. Pour nous rhabiller, nous avons reçu des haillons infestés de vermine. Puis on nous a coupé les cheveux, mais sans nous tondre intégralement.

En pleine nuit, dans le hangar, celles qui avaient été séparées de leur famille ont commencé à demander, de façon très insistante, ce que les autres étaient devenus. Elles n'avaient plus de nouvelles. Alors la réponse est tombée de la bouche des kapos :
« Bah, ceux qui étaient avec vous… regardez, regardez la cheminée, ils sont déjà partis, ils ont été gazés, brûlés. Cette fumée, voilà ce qu'il reste d'eux. »

D'abord, nous avons cru à une tentative pour nous démoraliser. Nous ne pouvions pas imaginer, pas comprendre. Quant à moi… Si on nous avait dit sur le moment « Ils sont morts », ou « Ils sont partis dans un autre camp », ou encore « On ne sait pas ce qu'ils deviennent », je l'aurais probablement cru.

Mais, dit aussi brutalement et aussi rapidement, je crois que non, je ne l'ai pas cru, personne ne pouvait croire une chose pareille. Aujourd'hui, ce message terrible me paraît dépourvu de cynisme. Pour la plupart, ces gardiennes étaient elles-mêmes déportées. Elles estimaient qu'il valait mieux ne pas se faire d'illusions. Leur réalisme était absolu. Effectivement, c'était bien cela qu'il fallait croire, cela qu'il fallait comprendre, très vite. Mais ce n'est qu'une fois en quarantaine, en écoutant les Françaises du camp, que nous avons vraiment compris. Cette réalité-là ne pouvait pas s'inventer.

Et puis il y avait l'odeur. Cette odeur terrible en permanence. C'était tellement proche, tellement sensible…

Ce qui donnait du poids aux révélations des autres déportées, c'était aussi la brutalité immédiate des gardiens. Il ne s'agissait pas d'une administration ordinaire. Ce n'était pas un simple camp à régime sévère. Nous sentions une volonté de nous démoraliser, de nous plonger dans un autre monde. Cet endroit était absolument à part. Notre arrivée, les douches, la distribution de chiffons déchirés qui tenaient lieu de vêtement, les chaussures dépareillées, inutilisables…

Ce n'était pas une détention ordinaire. Plus tard, à Bobrek, on m'a donné une robe rayée qui m'est apparue comme un luxe. Donc, très vite, nous avons compris. On nous a distribué de la soupe dans une vieille gamelle complètement rouillée, une seule gamelle pour trois, sans cuillère. Et nous nous sommes dit : « Mais dans quel monde sommes-nous tombées ? » Le pire, c'était de se retrouver seul. Là, on pouvait basculer. Les solitaires essayaient de retrouver quelqu'un, souvent un ancien compagnon de détention, rencontré en prison ou à Drancy. Les plus à plaindre étaient celles qu'on avait séparées de leur enfant dès l'arrivée. Elles n'ont pas tardé à apprendre la vérité. Certaines sont mortes très vite.

Notre débarquement sur la rampe d'Auschwitz, avec ces projecteurs, cette lumière brutale, ces cris, ces chiens, ces tenues rayées, tout cela relevait de la mise en scène. Il s'agissait de nous désorienter, de nous terroriser. Il fallait nous tenir dans l'ignorance de notre sort et du sort de nos proches. Il fallait éteindre toute intention de révolte, toute tentation d'indiscipline. De fait, nous étions pétrifiées. C'était la nuit. Nous nous sommes aussitôt intégrées dans cette organisation rigoureuse, nous avons accepté de nous mettre en rang, hommes d'un côté et femmes de l'autre, nous avons accepté de voir les autres partir en camion, sans imaginer que nous n'allions jamais les retrouver.

Tout répondait à une organisation très précise et, pourtant, il y régnait aussi une grande incohérence. Des personnes qu'on avait affamées, qu'on était prêt à tuer à n'importe quel moment, qui subissaient régulièrement des sélections pour la chambre à gaz, ces mêmes personnes, sur préconisation d'un médecin, pouvaient avoir droit à du pain blanc.

Ce fut le cas pour Maman, plus tard, à Bobrek. Elle a reçu du pain blanc que les SS eux-mêmes auraient pu lui envier. Mais le chef du camp aurait pu aussi bien passer à l'improviste et dire : « Il faut la tuer. » On l'aurait tuée immédiatement. Au sein même de l'ordre, l'absurdité régnait.

Peu avant la libération des camps, cette incohérence a atteint des sommets. À ce moment-là, les SS eux-mêmes se sont sentis menacés. On pouvait penser que les autorités allemandes, y compris celles des camps, auraient pour priorité l'évacuation des civils et l'organisation de leur défense. Or, jusqu'au 8 mai 1945 ou presque, les Allemands ont donné la priorité à l'évacuation des déportés. Ils les ont fait partir sur les routes, si bien que ni les réfugiés ni les convois militaires ne pouvaient plus passer. C'est arrivé à Gleiwitz, à un moment où l'armée Rouge était toute proche, où les SS craignaient d'être faits prisonniers, où la population civile allemande demandait à être évacuée. Or, ce sont d'abord les déportés qu'ils ont évacués, en grand nombre, alors qu'il n'aurait sans doute pas été difficile de les tuer sur place. Admettons que cela aurait laissé trop de traces. Ils auraient simplement pu nous laisser là. Beaucoup seraient morts de toute façon. Les déportés sont donc partis à pied, en masse, encombrant les routes sur lesquelles les troupes allemandes, les tanks, mais aussi les réfugiés civils, essayaient de passer.

Y avait-il une logique derrière tout cela ?

Selon certains historiens, la priorité pour Hitler – c'est l'une des spécificités de la Shoah – n'était pas la fin de la guerre, ni même la victoire, mais l'extermination des Juifs. Pour nous, au jour le jour, cela paraissait absurde. En 1948, David Rousset a publié un livre, *Le pitre ne rit pas*, évoquant le climat chaotique de la fin de la guerre. Il en souligne la folie.

Je reviens aux premiers jours. Notre état de stupeur a duré une bonne journée. Entre la douche, le sauna et les vêtements en loques, nous n'avions que des questions sans réponses. Puis, avec effroi, nous avons découvert les blocks. C'étaient de longues baraques en briques, avec un sol en béton et un vague poêle au milieu.
Il y avait des rangées de châlits qu'on appelait les *coyas* – sans doute un mot polonais –, sortes de cages sans grillage, garnies d'une paillasse. Nous y étions entassées à cinq ou six par planche, parfois tête-bêche en raison du manque de place. Nous couchions soit au ras du sol, soit au milieu, soit en hauteur. Les planches du haut, plus spacieuses, étaient les plus recherchées. Il y avait deux ou trois couvertures pour tout le monde. Ma mère, ma sœur et moi sommes restées ensemble. Nous nous sommes posées quelque part, au hasard. Nous n'avions bien sûr pas choisi notre block.

Dans la journée, nous n'y étions presque jamais. Après l'interminable appel du soir, nous n'avions qu'une idée : essayer de dormir. Dès quatre ou cinq heures du matin, c'était le réveil, puis un nouvel appel interminable avant de repartir au travail.

J'ai donc gardé très peu de souvenirs de celles qui partageaient notre premier block. Il ne pouvait pas y avoir de « vie de block », sauf à quelques moments perdus, notamment le dimanche.
De plus, très vite, nous avons été déplacées. Nous n'avons pas eu le temps de nous lier à nos voisines. Pour ma part, surtout les premières semaines, pendant ma courte quarantaine, j'ai cherché à retrouver des jeunes de mon âge. Maman, elle, s'était fait quelques amies. Avant tout, nous étions ensemble, soudées.
De quoi parlions-nous ?
De Papa, de mon frère Jean, de ce qu'ils avaient pu devenir, de ma sœur Denise, en espérant qu'elle n'ait pas été arrêtée.

Dans les conversations du camp, un sujet revenait régulièrement : le débarquement des armées alliées.
Des bruits couraient à ce propos. Nous n'avions pas de journaux, nous étions coupées de tout. Au mois de juin 1944, tout de même, la rumeur a circulé de façon plus insistante.

Notre travail était très dur, nous devions déplacer des rails vers la rampe d'arrivée. On nous confiait des tâches harassantes dont nous ne comprenions jamais l'objet. Et là, près de ces rails, je me souviens d'avoir trouvé par terre un fragment de journal. Je me suis demandé si ce n'était pas une SS auxiliaire qui l'avait laissé là. Cette femme nous laissait une paix relative, peut-être était-elle occupée par une liaison amoureuse avec un travailleur civil, je n'en sais rien, en tout cas elle se montrait presque aimable. Je me suis demandé si cette feuille de journal, totalement insolite dans le camp, n'avait pas été placée là exprès pour nous informer. On y voyait une carte du Cotentin, avec des flèches signalant des avancées dans tel ou tel sens. C'était autre chose que de simples bruits qui couraient. Cela valait confirmation et redonnait espoir.

À Auschwitz, j'évitais les conversations interminables sur ce que nous allions faire une fois la liberté retrouvée, sur ce que les unes et les autres allaient manger…
Plus tard, à Bobrek, même si le travail restait très dur et que nous manquions d'énergie, nous échappions aux appels interminables et disposions d'un peu plus de temps. Il y eut alors d'autres conversations, plus élaborées. Nous nous sommes retrouvées avec des communistes françaises. Avec elles, des discussions politiques sérieuses pouvaient s'engager, chacune

essayant de convaincre l'autre. La plupart du temps, je n'y participais pas, mais il s'agissait d'échanges de qualité.

Pendant la quarantaine, j'ai eu le temps de faire connaissance d'autres déportées. Nous étions encore en bonne santé pour la plupart. Nous n'avions pas encore entièrement compris la réalité du camp. Certaines s'étaient connues à Drancy et avaient partagé le même convoi. Les plus jeunes devaient avoir quinze ans. L'âge moyen se situait entre vingt et trente ans. Alors, des affinités sont nées. Nous parlions de la famille, des amours, du travail. Ces conversations tenaient un grand rôle dans les premiers jours. Il fallait trouver des sujets qui nous permettent une forme d'évasion. Les jeunes femmes se racontaient le plus souvent leurs amours perdues ou interrompues. Cela pouvait réveiller douloureusement le passé et n'était pas sans risque. Nous essayions de ne pas écouter les plaintes et, le cas échéant, d'apaiser, de rassurer autant que possible celles ou ceux qui se lamentaient. Beaucoup de déportés se souviennent du rôle essentiel de ces conversations. Elles leur ont donné, disent-ils, la force de rester debout. Il y avait aussi ceux qui récitaient des poèmes. Tout cela a certainement compté. Pour ma part, je n'en ai pas gardé un souvenir aussi précis.

Avec certaines, Marceline Loridan, par exemple, plus jeune de dix-huit mois, je suis restée liée toute ma vie. Elle et moi, nous avons même fait une courte escapade à l'intérieur du camp. Nous courions un grand danger. Le seul fait d'aller voir une camarade dans un autre block représentait un risque. Pendant près de deux heures, nous avons réussi à échapper au kommando de travail. Nous nous sommes cachées suffisamment longtemps pour ne pas être repérées par les kapos. Cette brève aventure nous permit de connaître une petite partie de la topographie d'Auschwitz-Birkenau. C'était immense. Les baraques se succédaient, à peu près identiques, avec des châlits de différents types. Les plus inconfortables ressemblaient à des boîtes en briques où les déportés s'entassaient.
Les *coyas* étaient un système un peu plus élaboré.

Marceline et moi nous sommes approchées d'un block où l'on entendait parler français. Nous sommes tombées sur des filles un peu plus âgées que nous. Pour identifier quelqu'un, au moins partiellement, il suffisait de regarder son matricule. Elles avaient un triangle rouge avec un *F*, pour Français, à l'intérieur.

Elles avaient été déportées en tant que résistantes. Elles se montrèrent peu désireuses d'engager la conversation avec de jeunes Juives qui n'étaient pas entrées dans la Résistance. Notre jeune âge nous enlevait tout intérêt. Leurs propos furent même désagréables à entendre.

Ce fut pour nous une révélation. Nous apprenions ce qui opposait les deux types de déportation. Nous ne partagions avec elles que les conséquences, pas la cause. Ainsi, beaucoup de celles et ceux qui se trouvaient là en raison de leur engagement politique, de leurs convictions, de leur courage, estimaient qu'ils n'avaient rien de commun avec les Juifs déportés.

Nombre d'entre eux avaient été torturés avant de partir au camp. Leur conjoint avait parfois été fusillé. Nous, nous étions victimes de ce que nous étions, pas de ce que nous avions fait. À leurs yeux, cela constituait une grande différence. Ce n'est que plus tard, à Bobrek, que je me suis liée avec deux jeunes Juives résistantes.

À Birkenau, je suis aussi devenue l'amie de Ginette Kolinka, dont les parents étaient des marchands forains et qui habite toujours au même endroit depuis la guerre. Elle a repris le métier de ses parents. Entre nous, les différences d'origine, d'éducation, s'effaçaient complètement. Après la guerre, j'ai découvert que l'une de mes camarades était l'épouse d'un grand banquier. Chez elle, il y avait des toiles de Monet et de Renoir. Or, dans le camp, cela n'était jamais apparu dans sa conversation, elle n'en avait jamais fait état. Elle avait mené une vie de luxe et n'en parlait jamais.

Au camp, l'origine des unes et des autres, leur appartenance nationale, les circonstances de leur arrestation, tout cela comptait beaucoup. Pour ma part, je me sentais avant tout française. Peut-être était-ce partiellement dû aux circonstances de mon arrestation. Certains de mes camarades avaient été arrêtés par la police française, moi par la Gestapo. À Auschwitz-Birkenau, je percevais le clivage entre Juifs et non-Juifs, mais une autre solidarité, très forte, reposait sur la nationalité ou la langue. Celles qui parlaient français – les Françaises et les Belges – se regroupaient. C'était une question de culture. Et la culture restait avant tout nationale. Quant aux Juives allemandes, elles nous paraissaient très ancrées dans leur culture allemande.

Nous les soupçonnions même de garder une certaine indulgence pour leur pays. Il y avait aussi les Polonaises, les Slovaques, les Néerlandaises, les Grecques. Toutes avaient une nation d'origine. Elles étaient arrivées dans des convois différents. Leur façon de survivre était différente.

J'ai connu peu de Grecques. Nous savions que les Juives de Salonique avaient été déportées à la fin de l'été 1942 et que la plupart étaient mortes. Elles ne parlaient aucune des langues en vigueur dans l'administration du camp. Leur survie a dû être extrêmement difficile. Les déportées néerlandaises, elles, passaient pour être issues de milieux privilégiés. Elles avaient quitté une vie raffinée, des habitudes de confort. Elles supportaient les conditions du camp encore plus mal que nous. Quant aux Slovaques, c'était l'inverse. Elles étaient arrivées les premières. Elles avaient dû construire le camp de leurs propres mains. Elles avaient subi de grandes épidémies. Leur vie avait été encore plus dure que la nôtre.

Les déportées plus âgées souffraient plus que les autres. Elles s'adaptaient moins facilement. Certaines pensaient qu'il fallait s'imposer une discipline, s'obliger à manger, à travailler, se créer des obligations de façon à ne laisser aucune prise aux aléas. Mais elles ne tenaient pas mieux que les autres… Je me souviens d'une femme qui disait toujours : « Il faut s'obliger à manger la soupe. » Au début, cette soupe était tellement répugnante que, même en ayant très faim, on n'y arrivait pas. Or, cette femme qui s'obligeait à tant de choses est morte très vite de dysenterie.

Dans les premières semaines, nous avons gardé le moral. J'ai le souvenir d'une absence de mesquineries, d'une absence de plaintes inutiles. Au début, nous pensions que nous allions nous en tirer. C'est après la quarantaine que le moral est retombé. Il a fallu subir la violence des responsables de blocks, souvent des Slovaques ou des Polonaises. Ces *stubowas* faisaient régner la terreur. Si on traînait un peu le matin avant de sortir pour l'appel, si on ne laissait pas les couvertures pliées au carré, impeccables, on recevait immédiatement des gifles et des coups. Nous trouvions ces *stubowas* odieuses. C'étaient des filles très jeunes.

Depuis 1939-1940, elles n'avaient connu que les ghettos ou les camps. Elles avaient vu mourir des quantités de gens, disparaître leur famille. Tout cela les avait terriblement endurcies.

Non seulement elles nous frappaient, mais elles se réservaient le fond du baquet de soupe, plus épais et plus nourrissant, ainsi que les restes du pain. Elles pouvaient, certains jours, exempter de travail telle ou telle déportée. Elles se faisaient même rémunérer pour cela.

Au début, leur pouvoir nous apparaissait exorbitant, mais nous n'avons pas tardé à comprendre qu'à Birkenau le seul vrai pouvoir émanait des SS. Eux seuls avaient la mainmise sur tout ce qui comptait vraiment.

Les sévices lourds restaient leur privilège.

Après la quarantaine, au mois de mai et juin, tout s'est aggravé. Ma première activité fut de décharger des wagons chargés de pierres. Nous ne savions pas à quoi tout cela servait. On avait l'impression que les pierres jouaient un rôle considérable dans l'activité du camp. Les pierres, les rails, tout cela servait à d'interminables terrassements. Les femmes ne connaissaient rien à l'électricité, elles étaient donc vouées aux travaux les plus durs. Nous chargions ces pierres ou d'énormes sacs de ciment sur de larges bards, sortes de brouettes sans roues que nous portions à bout de bras.

Lorsque les SS considéraient qu'ils n'étaient pas assez chargés, ils les faisaient tomber sur nos pieds ou les renversaient pour que nous les chargions davantage. Si nous choisissions des pierres trop petites dans les wagons, nous recevions des coups. Pour échapper aux coups, il fallait choisir une pierre suffisamment grosse, mais pas trop lourde non plus, pour ne pas s'épuiser. On finissait par attraper le coup d'œil. Le travail ne s'arrêtait plus. Nous partions très tôt le matin, après un long appel, nous rentrions tard. Cet appel général portait sur tous les blocks d'Auschwitz-Birkenau et s'il manquait quelqu'un, ou simplement si le compte ne tombait pas juste, cela pouvait durer des heures et des heures. Nous devions rester droites et figées pendant l'appel, mais certaines vacillaient et tombaient. Quand nous rentrions au block le soir et que tout cela était fini, nous n'avions qu'une envie, c'était d'essayer de dormir. De toute façon, nous finissions par dormir et la nuit était très courte.

Dans la journée, nous arrivions parfois à prendre de courtes pauses. Nous devions par exemple creuser des fossés dont nous ne comprenions pas l'utilité. Quand la fosse était assez profonde, nous tentions de nous y dissimuler pour prendre quelques instants de repos. C'était aussi l'occasion d'une petite conversation. Nous parlions de tout. Notre point de vue était rationnel, c'est-à-dire sans illusions – nous pensions que nous ne rentrerions pas, qu'ils allaient nous tuer –, mais nous gardions espoir, nous nous disions : « On ne sait jamais, il y aura peut-être un miracle. »

Le lien familial m'a aidée à tenir. Même dans les périodes les plus difficiles, jusqu'au mois de mars 1945, nous sommes restées ensemble. En mars 1945, Maman est tombée gravement malade. Jusque-là, il n'y a pas eu un soir, pas une journée où nous n'ayons été ensemble. Maman montrait un courage, un moral formidable. Elle était toujours prête à nous encourager, à nous dire que nous allions survivre, qu'il fallait que nous survivions, qu'il fallait résister. D'ailleurs, elle ne disait pas : « Il faut résister », elle ne tenait pas un discours moralisant, c'était plutôt une présence, une sérénité, un optimisme extraordinaires. Même malade et très amaigrie, elle a toujours conservé une allure formidable. Jamais je n'ai entendu dans sa bouche, ni d'ailleurs dans celle de Milou, d'injures ou de propos violents.

Ma sœur Milou avait retenu la leçon. Après la mort de Maman, à Bergen-Belsen, Milou et moi avons été évacuées dans des casernes abandonnées par des SS hongrois. Là, quelques femmes se trouvaient rassemblées, surtout des Françaises. En entrant dans une chambre, j'ai marché sur quelque chose qui appartenait à l'une d'elles, peut-être simplement sur son matelas. Elle m'a adressé des paroles très désagréables, je l'ai envoyée promener vertement. Ma sœur, pourtant très malade à ce moment-là, m'a dit qu'elle n'acceptait pas que je m'exprime de cette façon. Je me suis fait gronder comme une petite fille parce que j'avais répondu à cette femme qui m'avait insultée.

Au milieu de cette grossièreté, de cette brutalité qui caractérisaient les relations humaines d'Auschwitz, Milou et Maman ont toujours préservé leur dignité. Parfois, elles allaient jusqu'à accepter un empiétement sur leurs droits, une mise en danger de leurs petites possessions, c'est-à-dire de leur soupe, de leur cuillère… pour ne pas répondre par la même violence que celle dont elles étaient la cible. Pour ma part, je n'ai pas été souvent agressée. Je me suis très peu battue. Il fallait vraiment une agression déclarée pour qu'on se batte. J'ai souvent eu de la chance. Les gens se montraient plutôt protecteurs avec moi. On cherchait à m'aider.

Dans le camp, il ne fallait être ni faible ni seul.

Dès lors que la santé se détériorait, il fallait pouvoir compter sur quelqu'un. La lutte pour la vie prenait une tournure extrême. Ainsi, entre Auschwitz et Gleiwitz, au moment de la grande évacuation, nous avons marché soixante-dix kilomètres sous la neige, dans un froid épouvantable. Des gens à bout de force profitaient de la faiblesse de Maman pour s'accrocher à elle. Son état lui interdisait absolument d'aider qui que ce soit, elle serait tombée au bout de quelques mètres. Il fallait aussi empêcher qu'on lui vole son peu de nourriture. Non seulement elle n'était pas en état de se défendre, mais je crois qu'au fond elle ne voulait plus se battre pour protéger sa soupe. Dans ce monde-là, si on ne se battait pas, c'était fini. Des gens passaient et cherchaient à vous dérober votre foulard, votre manteau ou simplement la cuillère, ou encore le bol dans lequel vous étiez en train de manger. Il y avait tout de même entre nous des solidarités très fortes. Jamais on n'aurait agressé les proches.

Même le comportement des *stubowas* était contradictoire. Malgré leur extrême dureté, elles avaient souvent une camarade auprès d'elle, quelqu'un de leur village, de leur ville, ou qu'elles avaient connu au cours de ces longues années de ghetto puis de camp. Elles nouaient alors des relations à la vie à la mort. Cela leur redonnait un peu d'humanité. Elles pouvaient risquer leur propre vie pour sauver l'autre, partager le peu de pain qu'elles pouvaient avoir. Mais comme elles avaient vu leur famille être exécutée sous leurs yeux, battre une déportée semblait ne rien leur coûter.

Deux ou trois fois, j'ai été vraiment battue par les SS pour des questions de nourriture. Une fois, c'était à Dora. Nous y étions passées juste deux jours, en descendant de ces trains qui avaient traversé la Tchécoslovaquie, l'Autriche, l'Allemagne, et dans lesquels tant de gens étaient morts. Nous sommes arrivées à Dora, un camp épouvantable. Les femmes avaient été parquées dans un baraquement un peu isolé à l'entrée du camp. Des Français, ayant appris que leurs compatriotes s'y trouvaient, étaient venus nous voir avec de la soupe. Ils occupaient sans doute des postes à responsabilité, il ne s'agissait pas des ouvriers qui travaillaient dans les tunnels de Dora et dont la mortalité fut si élevée.

Ces Français nous avaient apporté de la soupe, puis des SS sont arrivés. Une femme SS a vu cette soupe et a demandé qui nous l'avait donnée. J'ai répondu : « Je ne sais pas, elle était posée là… » C'était la seule réponse possible. Alors j'ai reçu quelques gifles, quelques coups, cela faisait partie de la vie au camp.

Une autre fois, j'ai été violemment battue parce que j'avais volé du sucre dans la cuisine des SS. J'en avais absolument besoin pour Maman. Je me suis fait prendre par un SS, j'ai reçu les coups, mais il m'a laissé le sucre, et c'était la seule chose qui comptait. Tant de mes camarades, parce qu'elles étaient tombées d'épuisement pendant l'appel, ont été relevées par des coups. Nous, nous avions cette chance extraordinaire d'être trois. À tout moment, l'une ou l'autre pouvait soutenir celle qui chancelait. Nous souffrions beaucoup de l'état de notre mère, mais, pour elle, voir ses filles dans une telle situation devait être encore plus douloureux.

Pour moi cette période a duré treize mois en tout, pour d'autres, ce fut beaucoup plus long. C'était sans commune mesure avec quoi que ce soit d'autre. Nous étions coupées de toute existence normale, et je dirais de toute expérience imaginable, crédible, racontable. Nous vivions dans une parenthèse absolue. Depuis, il m'est arrivé d'entendre : « Cela fait penser aux camps… » Rien ne peut faire penser aux camps. Parfois, il me revient une vision, une perception sensorielle. Mais rien ne peut faire penser aux camps. Rien. Cette horreur absolue ne ressemble à rien de ce qu'on peut lire, de ce qu'on peut écrire.

Aujourd'hui, lorsqu'on revient sur le site d'Auschwitz, on voit de l'herbe et des arbres. Les pelouses sont soignées, les bâtiments sont en bon état, avec une belle couleur patinée. Même les barbelés semblent paisibles. On ne se rend pas compte que, sur chaque mirador, il y avait des SS avec des mitraillettes. Ce que l'on voit aujourd'hui ne ressemble pas au camp. Absolument pas. De toute façon, ces lieux ne traduisent pas les sensations physiques. Le camp, c'était l'odeur des corps qui brûlaient. Une cheminée dont la fumée obscurcissait le ciel. La boue partout. Des galoches aux pieds, nous trébuchions dans cette boue. Quant aux arbres, nous ne les voyions que de loin. Les SS et les kapos vous guettaient, prêts à vous frapper de leur matraque de caoutchouc. Ici ou là, entre les baraquements, circulaient des êtres qui étaient presque des choses. Il était difficile de voir en eux des êtres humains. C'étaient des déportés parvenus à un état d'épuisement total. On les appelait les « musulmans ». Ces squelettes vaguement habillés restaient au sol, jusqu'à ce que les coups les forcent à se lever.

J'en suis revenue profondément dépaysée.
Ce fut le cas de beaucoup de mes camarades. Nous avions du mal à nous faire comprendre. Nous revenions d'un autre monde, et tout nous paraissait… je ne dirais pas absurde, car c'est nous qui avions vécu dans l'absurde et qui peinions à revenir dans un monde normal. Aucune comparaison n'a de sens. Plutôt que d'un souvenir, il s'agit d'un sentiment : celui d'être passé de l'autre côté de l'être humain. Vous atteignez un seuil d'humiliation qui vous rend tout insupportable par la suite. Vous restez à fleur de peau sur un certain nombre de sujets. Ce seuil d'humiliation, nous l'avons atteint dès l'arrivée à Auschwitz-Birkenau. On nous a enfermées pendant des heures dans une pièce où il n'y avait rien, on nous a tout enlevé, nous nous sommes retrouvées nues. Moi, j'ai eu de la chance, car normalement nous devions avoir les cheveux rasés. Quelques femmes autour de moi ont eu les cheveux rasés, pas moi. On nous a quand même passé le rasoir partout sur le corps. On nous a tatouées. On nous a enfermées dans une pièce qui ressemblait à une sorte de sauna. Là, nous sommes restées des heures, soi-disant pour une désinfection.
Nous étions assises sur des gradins, nues, exposées aux commentaires des gardiennes qui trouvaient l'une trop maigre, une autre trop grosse, une troisième plus ou moins jolie ou laide. Nous étions comme du bétail, on nous tâtait, on nous regardait, on nous tripotait, sans nous faire grâce d'aucun commentaire. L'obsession de la désinfection nous a valu par la suite des séjours fréquents dans ce sauna. Les vêtements aussi passaient à la désinfection. Nous les récupérions humides et, en général, encore plus infestés de lentes et de poux qu'auparavant.

Nous étions donc fréquemment entassées. Soit pour dormir, soit pour cette soi-disant désinfection. Aujourd'hui encore, je ne supporte plus la promiscuité. Je ne peux pas accepter d'être frôlée. J'évite d'aller au cinéma lorsqu'il y a une file d'attente.

Quand on vous a traitée comme de la viande, il est très difficile de se convaincre qu'on est resté un être humain. Là était le combat que nous menions. Le combat le plus difficile. Nous avions faim, nous avions soif, nous avions sommeil. J'ai terriblement souffert du manque de sommeil. Quand on reste des jours sans dormir, on ne sait plus où on est, on ne s'oriente plus. Le sentiment qui domine est celui d'un corps et d'un esprit humilié. Mais nous étions trois, cela nous préservait. Nous nous soutenions sans cesse. Autour de nous, de petits groupes se constituaient, mais la famille était ce qu'il y avait de plus fort.

À Auschwitz, j'ai eu de la chance.
Sans doute ma jeunesse m'a-t-elle protégée. D'abord, mon convoi, pour une raison inconnue, était le seul où les femmes n'avaient pas eu les cheveux rasés. Cela paraît sans importance, mais pour nous, c'était énorme. Toutes les autres déportées étaient régulièrement tondues par les kapos. Leur rasoir passait n'importe comment, laissant des irrégularités qui achevaient de les défigurer.

Nous, nous avons gardé figure humaine.

À mon arrivée au camp, les jours niçois n'étaient pas si lointains. L'internement à Drancy n'avait duré que peu de temps et dans des conditions matérielles qui n'étaient pas comparables à celles d'Auschwitz. À seize ans et demi, mon aspect physique ne ressemblait pas à celui de la plupart des déportées. Quand on avait l'air de venir d'ailleurs, quand on avait gardé l'apparence de la santé et de la vie normale, les autres, celles qui étaient là depuis longtemps, s'y montraient sensibles.

J'ai donc été aidée par une jeune Juive polonaise, une architecte survivante du ghetto de Varsovie. Elle parlait un peu français. Je me souviens de notre rencontre. C'était un dimanche. En tant qu'architecte, au camp, elle bénéficiait de quelques avantages. Elle avait notamment pu se procurer deux ou trois robes qu'elle m'a données. Je les trouvais d'une élégance extrême. Sans doute venaient-elles du kommando qui triait les bagages des nouveaux arrivants et qu'on appelait, je ne sais pourquoi, « le Canada ». Les filles de ce kommando parvenaient à détourner une petite part des vêtements qu'elles étaient chargées d'expédier en Allemagne.
J'ai partagé ces robes si précieuses avec Ginette, cette amie du camp, qui m'en a plusieurs fois reparlé. Parfois j'allais retrouver l'architecte polonaise sur son chantier, loin de ce block abominable où l'on

entendait des râles et des cris. Après mon travail de terrassement, il m'arrivait de passer un peu de temps en sa compagnie.

      Ces robes ont changé mon destin. Je ne ressemblais pas tout à fait aux autres déportées. Une des chefs du camp des femmes, une Polonaise nommée Stenia, qui passait pour une ancienne prostituée, m'a fait sortir du rang. Elle m'a demandé, en allemand : « Qui es-tu ? »
J'ai répondu, en français, que j'étais française et juive.
Elle comprenait un peu le français, ce qui était rare. Elle m'a demandé si je parlais allemand, j'ai répondu que non. Sans doute pensait-elle me faire attribuer l'un de ces postes de *Läuferin*, de messagère, à l'intérieur du camp. Ces tâches étaient moins fatigantes et représentaient un privilège.
Stenia m'a dit : « Tu es trop jolie pour mourir ici. Tu es trop jeune. Je veux vraiment faire quelque chose pour toi. Je vais te trouver un endroit où tu puisses survivre. »
Je lui ai répondu : « Je suis ici avec ma mère et ma sœur. Si nous pouvons quitter le camp ensemble, très bien. Mais il n'est pas question que nous nous séparions. » Puis je suis repartie dans les rangs. J'étais sûre de ne plus entendre parler de cette proposition.
Quelques jours après, me croisant dans une allée du camp, Stenia m'a dit : « Tu iras à Bobrek avec ta mère et ta sœur. » Bobrek était un endroit un peu mythique que les déportés évoquaient parfois. Pour plaisanter, ils en parlaient comme du « sanatorium Bobrek ». Il s'agissait d'une petite usine Siemens que j'imaginais à plusieurs dizaines de kilomètres, alors qu'elle jouxtait Birkenau.
Les conditions d'internement y étaient réputées très différentes de celles d'Auschwitz-Birkenau. Seules deux cent cinquante personnes y vivaient et y travaillaient. La plupart étaient employées dans l'usine. Un petit groupe était chargé du terrassement.

      C'est donc là que Maman, Milou et moi nous sommes retrouvées quelques jours plus tard, parmi trente-cinq femmes logées juste au-dessus de l'usine. Nous ne subissions pas l'appel du matin ni celui du soir, ni les trajets épuisants. Loin de l'autorité centrale, le SS local ne faisait pas régner la même discipline. Nous étions mal nourries, mais les cris et les brutalités nous étaient épargnés. Nous y sommes restées de juillet 1944 à janvier 1945.

      Au moment de passer d'Auschwitz à Bobrek, on nous a menées dans un petit bâtiment à la sortie du camp. Nous avons dû nous déshabiller. J'ai compris qu'il s'agissait d'une visite médicale.

J'ai reconnu le médecin qui inspectait les nouveaux arrivants à la sortie du train. Plus tard, j'ai su qu'il s'agissait de Mengele. Nous nous sommes présentées à lui, l'une après l'autre. Il a écarté Maman en raison de son extrême maigreur et des séquelles mal cicatrisées de son opération. J'ai ressenti une angoisse épouvantable mais de courte durée, car Stenia est aussitôt intervenue. Elle a dit à Mengele que nous étions sous sa protection personnelle. Elle a insisté pour que nous partions toutes les trois à Bobrek.

Pourquoi Stenia nous a-t-elle sauvées ? Ses motivations restent pour moi une énigme. Cette femme a été pendue après la libération d'Auschwitz. En tant que chef de camp, elle était redoutée. Il semble qu'elle n'ait jamais aidé personne. Alors, peut-être lui ai-je rappelé quelqu'un. Peut-être sa sensibilité morale a-t-elle joué et s'est-elle mis en tête d'accomplir une bonne action. Je crois que j'ai été la seule à bénéficier de cette inexplicable humanité.

Plus tard, après l'évacuation d'Auschwitz-Birkenau, j'ai croisé à nouveau Stenia, tout à fait par hasard, dans les allées du camp de Bergen-Belsen. À ce moment-là, j'espérais obtenir un travail. Les déportées en surnombre qui ne travaillaient pas n'étaient quasiment pas nourries. Beaucoup mouraient de faim. À Bergen-Belsen, on a même parlé de cannibalisme. Stenia m'a dit : « Qu'est-ce que tu fais ? » Je lui ai répondu : « Rien. » Alors, elle m'a fait affecter à la cuisine des SS. Et elle m'a sauvée une deuxième fois.

Nous sommes arrivées à Bobrek le 9 juillet 1944, quelques jours avant l'anniversaire de mes dix-sept ans. Le trajet en camion pour sortir d'Auschwitz m'a paru interminable car, pour atteindre le site industriel Siemens pourtant voisin, nous avons probablement fait le tour complet du camp. Peut-être cherchaient-ils à fausser notre sens de l'orientation. Lorsque je suis revenue à Auschwitz, bien après la guerre, j'ai eu la surprise de voir que Bobrek, au bord de la Vistule, jouxtait le camp de Birkenau.

Le 9 juillet 1944, nous étions six femmes à entrer à Bobrek : Maman, Milou et moi étions accompagnées par une dentiste plus âgée et par deux jeunes femmes d'environ vingt-cinq ans, qui sortaient du block 10, celui où Mengele menait ses expériences. Un médecin leur avait accordé sa protection et les en avait fait sortir à temps.

Elles n'avaient subi jusque-là que des prélèvements sans danger mais risquaient d'être bientôt soumises à des expériences mortelles. Elles étaient communistes et avaient bénéficié du soutien de certains réseaux du camp.

Dès notre arrivée à Bobrek, nous avons appris que ce site hébergeait deux cent vingt hommes pour trente-cinq femmes, dont de nombreux Français. Les hommes et les femmes, ainsi que les différentes catégories de travailleurs, étaient beaucoup moins strictement séparés qu'à Auschwitz-Birkenau. Il était relativement facile de circuler. Nous nous parlions souvent derrière un grillage mais les travaux de terrassement nous plaçaient côte à côte. La conversation venait naturellement. Et, je ne sais comment, quelqu'un a appris que le 13 juillet était le jour de l'anniversaire de mes dix-sept ans. J'ai alors bénéficié d'une faveur invraisemblable.

Les Français m'ont offert un demi-pain. Et l'un des SS du camp m'a accordé ce qu'on appelait *eine Zulage*, un supplément, c'est-à-dire un morceau de saucisson.

Notre transfert à Bobrek nous a permis de survivre. J'étais affectée à des travaux de maçonnerie dont l'utilité est restée jusqu'au bout mystérieuse. Maman n'a jamais cessé de travailler, malgré son affaiblissement constant. La nourriture n'était pas beaucoup plus abondante qu'à Auschwitz mais d'une qualité un peu différente, sans doute parce que Siemens cherchait à préserver un certain rendement. La soupe contenait parfois des légumes secs ou des pommes de terre.

Des liens d'amitié s'y sont noués, notamment avec les deux jeunes femmes qui avaient échappé aux expériences du block 10. Toutes deux ont ensuite survécu à la déportation. L'une est morte à la fin des années 1990. C'était un être exceptionnel. J'admirais son courage, son dynamisme. Elle avait été déportée sans ses trois jeunes enfants ni son mari. Elle a réussi à les retrouver après la guerre. À l'hôpital où je l'ai vue pour la dernière fois, elle m'a dit : « Tu vois, ils voulaient que nous mourions. Eh bien, nous avons gagné. Moi, j'ai retrouvé mes enfants, toi tu as eu des enfants. Nous avons des petits-enfants, des arrière-petits-enfants. » À ses yeux, c'était notre plus grande victoire sur le système nazi.

En janvier 1945, l'armée Rouge se rapprochant, tous les camps d'Auschwitz ont été évacués. Au terme d'une longue

marche dans la neige, nous nous sommes retrouvés à Gleiwitz, à près de soixante-dix kilomètres.
Quelques-uns se sont évadés pendant la marche. Ils ont fait le pari. Si j'avais été toute seule, je l'aurais tenté. Plusieurs camarades me l'ont proposé, mais il n'en était pas question à cause de Maman qui tenait à peine debout. Beaucoup de ces évadés ont pu se cacher en attendant l'armée Rouge. Les traînards, en revanche, ceux qui tombaient d'épuisement dans la neige, sont morts sur-le-champ ou ont été achevés par les soldats qui encadraient la marche.

    Je me souviens de ces trois jours d'évacuation comme de l'Enfer de Dante.
Nous pensions que les Russes étaient tout proches, le ciel était rouge. Cette longue marche en a laissé un certain nombre au seuil de la mort. Malgré cela, les rares femmes survivantes étaient harcelées par des kapos qui disaient n'avoir pas vu de femmes depuis des années. Ce désir d'orgie ajoutait au sordide.
Tout le monde avait faim. Tout le monde avait peur.

    Les SS craignaient plus que nous l'avancée des Russes. Personne ne pensait en sortir vivant : nous, parce que nous pensions que les SS nous tueraient, les SS, parce qu'ils pensaient que les Soviétiques les tueraient à leur tour.

    Puis nous sommes montés dans des trains composés de simples plates-formes sans abri, destinées au transport du bois. Il neigeait, il faisait froid, il n'y avait rien à manger, rien à boire. Beaucoup y sont morts. Nous sommes alors repartis pour un trajet de huit jours, dans des conditions de dénuement absolu. Huit jours quasiment sans nourriture, exposés au froid. Nous sommes arrivés dans les faubourgs de Prague, et lorsque la voie ferrée se rapprochait des immeubles, les gens nous jetaient du pain depuis les balcons… Ce pain échouait le plus souvent sur le ballast, mais il nous arrivait d'en recevoir.
Après le passage de la frontière autrichienne, personne ne nous a plus lancé de pain. Dans les gares autrichiennes, les SS eux-mêmes autorisaient qu'on nous apporte de l'eau, mais les gens avaient peur ou se méfiaient, ils n'apportaient rien. Pour boire, nous réussissions à racler la neige avec de vieilles gamelles accrochées au bout d'une ficelle.

Le 25 janvier 1945, nous sommes arrivés au camp de Mauthausen, alors surpeuplé. Nos plates-formes transportaient entre mille cinq cents et deux mille personnes. Les gens se battaient pour s'y accrocher, essayant d'expulser les autres.
Et puis nous sommes arrivés à Dora.

Tous les hommes du convoi y sont restés. La moitié des passagers étaient morts en route. Il ne restait qu'un petit groupe de femmes. Après une journée à Dora, ce camp où les déportés travaillaient à la fabrication des V2, nous sommes reparties pour Bergen-Belsen.

Quand je dis « nous », c'était le groupe de Bobrek, environ trente-cinq femmes. Nos matricules étaient proches, de toute façon, même si nous avions voulu, nous n'aurions pas pu nous séparer.

Il y avait une femme, une dentiste d'origine française. Il y avait d'autres camarades avec lesquelles je suis restée très liée. Il y avait aussi une cinquantaine de Tziganes. L'une d'entre elles a accouché sur la plate-forme, le bébé n'avait aucune chance de vivre. La mère a survécu.

À Bergen-Belsen, j'ai été affectée à la cuisine des SS. Cela peut paraître anodin, mais c'était une chance énorme. Comme les SS eux-mêmes n'avaient plus de farine, nous devions râper des pommes de terre pour confectionner une sorte de fond de soupe qui remplissait un tonneau. Seuls les SS avaient droit à cette soupe.
Nous devions travailler très vite. Il me semblait parfois que je mettais dans le tonneau autant de sang et de peau écorchée de mes propres mains que de fécule de pomme de terre. Il fallait remplir un tonneau par jour et c'était impossible.

Rétrospectivement, ce travail me paraît plus terrible que celui d'Auschwitz où je ramassais des pierres. Parfois, à l'insu de nos surveillants, nous rajoutions de l'eau dans le tonneau pour le remplir plus vite. Car cela n'allait jamais assez vite. J'étais « la Française bonne à rien, même pas à râper les pommes de terre ».

J'avais peur. Je pleurais.

J'étais sans cesse menacée de renvoi des cuisines. Or, ces cuisines permettaient de survivre. À cette époque, les déportés ne mangeaient pratiquement plus rien. Là, j'arrivais à prélever un peu de soupe. Un jour, j'ai puisé deux ou trois verres de lait dans un grand baquet. Moi qui détestais le lait et le déteste toujours, j'ai bu le lait des SS. J'ai volé du sucre pour Maman et, miraculeusement, après m'être fait prendre et battre comme plâtre, j'ai pu conserver le sucre.

À Bergen-Belsen, une certitude progressait en nous : tôt ou tard nous allions mourir. Cette pensée était présente à l'esprit de chacun. À certains moments, chacun pouvait se dire que ce n'était plus supportable. Et pourtant, même si beaucoup avaient envie d'en finir, très peu se sont suicidés.

Ce camp n'était pas conçu pour être aussi dur que Birkenau et n'était pas aménagé de la même façon. Il n'était pas équipé de chambres à gaz. Lorsque j'y étais, on y travaillait peu. Ce n'était pas les corvées qui nous épuisaient. Simplement, il n'y avait rien à manger et surtout plus de place. L'existence perdait toute espèce de cohérence.

Le typhus et la dysenterie sévissaient.

Il n'y avait plus moyen de se laver. La mort était une porte de sortie que beaucoup espéraient. Je l'ai senti chez Maman.

Cela se passait vers mars-avril 1945, et le typhus progressait à toute vitesse. La faim sévissait à un point atroce. Cependant, le temps jouait dans les deux sens. Nous sentions que la libération était imminente. C'était une question de semaines.

Et puis, dans cette phase ultime, nous avons cessé de croire que les SS allaient nous tuer. Nous sentions qu'ils n'en avaient plus le temps, ni même l'envie, et qu'ils avaient surtout très peur.

Autour du camp, en avril 1945, les bombardements ont eu lieu chaque nuit. Pour des raisons de sécurité, nous restions parfois jusqu'à onze heures ou minuit enfermées dans la cuisine, dans l'obscurité. Lorsque nous rentrions au camp dans la nuit noire, tout était fermé, nous ne trouvions même pas un endroit où nous asseoir.

Plusieurs évacuations successives avaient convergé vers Bergen-Belsen. Ce camp était surpeuplé à l'extrême. Un soir, les deux amies du kommando de Bobrek, celles qui avaient échappé aux expérimentations du block 10, m'ont trouvée en train d'errer. Elles transportaient en pleine nuit une charrette remplie de déchets.
Elles m'ont hébergée dans leur propre block. Je me suis glissée sous leur châlit et j'y ai passé quelques heures de nuit.

J'ai travaillé à la cuisine des SS jusqu'au jour de l'arrivée des Britanniques. Cette cuisine se trouvait à l'entrée du camp. J'étais en train de râper les pommes de terre lorsque j'ai vu arriver les chars. J'ai d'abord cru qu'il s'agissait d'Américains. Les derniers jours avaient été terribles. Il n'y avait plus de nourriture ni d'eau potable. Les déportés puisaient avec leur gamelle dans des mares infectes où toutes sortes de liquides avaient été déversés. Mais les SS manquaient de tout, eux aussi, et se réservaient l'eau croupie de ces mares.

À ce moment-là, nous avions déjà perdu Maman.
Milou était seule et je ne voulais pas l'abandonner. Les bombardements achevaient de semer le chaos. Curieusement, le jour de la libération nous a apporté une contrainte supplémentaire. Les Britanniques ont immédiatement coupé le camp en deux parties pour lutter contre la propagation du typhus.

Certes, ils venaient nous libérer et leur arrivée mettait fin à mon travail à la cuisine des SS. Mais quand j'ai voulu revenir au block pour retrouver ma sœur, j'ai été arrêtée par le cordon de barbelés qu'ils avaient aussitôt posé. Nous n'avons même pas pu nous réjouir ensemble, ce soir-là, de notre libération. Dès le lendemain, avec le peu d'anglais que je maîtrisais, j'ai pu expliquer que j'étais séparée de ma sœur. Je suis passée, j'ai pu retrouver Milou.

À Auschwitz, la survie de Maman relevait déjà du miracle. Elle était très affaiblie mais elle montrait un courage extrême. À Bobrek, elle avait réussi à impressionner jusqu'au chef du camp qui s'était arrangé pour la dissimuler, en raison de son extrême maigreur, pendant la visite d'un SS de haut rang. Puis Maman a attrapé le typhus. Elle est morte à Bergen-Belsen. En rentrant de ma journée de travail, j'ai retrouvé Milou qui me l'a annoncé.

Je crois que, chez Maman, tout était épuisé. Elle ignorait le désespoir, mais elle a terriblement souffert de notre situation. Son regard sur l'humanité n'était plus le même. Ce qu'elle avait vu l'avait traumatisée. Si elle était rentrée avec nous, elle n'aurait sans doute pas supporté la mort de Jean ni celle de Papa.

D'une certaine façon, je n'ai jamais accepté cette mort.
Chaque jour de ma vie, Maman a été présente.
Depuis des années, on me demande ce qui m'a animée, ce qui m'a donné la volonté de travailler, d'accomplir un certain nombre de choses, je crois profondément que c'est elle. Lorsqu'on me demande si une personnalité m'a marquée, si j'ai admiré une femme ou un homme, je dis : « Non, personne. Le seul être remarquable à mes yeux, c'est Maman. »

Sans doute, si je la retrouvais aujourd'hui, me jugerait-elle sévèrement sur certaines choses.
Elle me trouverait trop peu conciliante.
Elle était capable d'afficher de fortes convictions et à la fois de faire preuve d'une grande douceur.
Moi, je n'en suis pas capable.

Elle n'avait rien d'une sainte éthérée, elle était très impliquée dans la société. Elle s'intéressait à la politique plus qu'elle ne le montrait. Elle prenait sa part des combats tout en se préoccupant du sort de chacun.

Je ne connais pas avec précision la date de sa mort. Pourtant, j'étais à ses côtés. C'était soit à la toute fin de janvier 1945, soit au début du mois de février. Nous n'avions plus conscience des dates et je ne peux qu'essayer de reconstituer.
Je peux revivre ce dernier mois, cependant. Je la vois encore à peu près en état de se déplacer, avant que ne s'aggravent les symptômes du typhus.

Cette maladie nous a frappées toutes les trois. J'étais la moins atteinte. J'ai continué à travailler au cours des mois de mars et d'avril, alors que ma sœur montrait des signes de grande faiblesse. Après la mort de Maman, une grande tristesse a dévasté Milou.
Les dernières semaines, alors que nous sentions la libération toute proche, je lui disais : « Il faut tenir, il faut essayer de manger. »

Sa tête était couverte de plaies. J'étais atterrée à l'idée que Milou, à son tour, puisse ne pas rentrer.

Au retour, après la libération, j'ai compris à quel point ma sœur allait mal. Nous sommes parties chez mon oncle et ma tante.

Mon oncle était médecin des hôpitaux et il a voulu hospitaliser Milou, tout en sachant à quel point la séparation serait terrible. Ma sœur a survécu au typhus, mais elle est morte quelques années plus tard.

Avec son bébé. Dans un accident de voiture.

C'était en 1952.

Nous venions de passer ensemble des vacances d'été.

Le fils de Milou a fait ses premiers et ses derniers pas dans notre jardin.

Au mois de mai 1945, Milou et moi avons été rapatriées en cinq jours de camion. Nous ne connaissions rien au nouveau contexte français. Lorsque nous avions quitté Nice, l'information était contrôlée par les autorités. Les journaux distillaient de la propagande. Nous savions très peu de chose sur ce qui se passait dans le reste de la France.

Un an avait passé. Nous avions vécu dans un autre monde. Nous ne savions rien. Dans le camion qui nous rapatriait, nous avons rencontré des officiers de liaison de l'armée française. Certains venaient de la Résistance, d'autres faisaient simplement leur métier. L'un d'eux nous a dressé un tableau apocalyptique de la situation : « Ce qui se passe en France est épouvantable », nous a-t-il dit.
À l'entendre, le pays était à feu et à sang. C'était sans doute un partisan du régime de Vichy. Nous avons donc cru, brièvement, que nous allions trouver le chaos. Or, en rentrant à Paris, nous n'avons pas eu cette impression.

Nous avons découvert une autre réalité, celle de la Résistance, des maquis décimés, celle de la Libération et de l'épuration.

Les premiers jours du retour sont difficiles à raconter. J'avais perdu l'habitude de dormir dans un lit, de prendre mes repas à table. J'avais du mal à reconstituer mes souvenirs, à m'exprimer.
Je me suis demandé si j'étais encore capable de lire, de m'intéresser à quelque chose en dehors de la vie la plus immédiate.

Qu'allions-nous devenir, ma sœur et moi ?

Pourrions-nous à nouveau vivre normalement ?
Une frontière séparait les humains, ceux qui revenaient des camps et les autres. Nous étions passées de l'autre côté. Je crois que nous ne sommes jamais redevenues normales. En apparence, nous avons vécu comme les autres, mais nos réactions intimes sont restées différentes, au moins sur certains sujets.

Notre oncle et notre tante Weismann étaient vivants, à Paris. Nous sommes allées chez eux. Ils avaient déjà appris la mort de Maman. Il a fallu leur dire que nous ne savions rien de Papa et de Jean.

Leur fils de vingt et un ans venait d'être tué au combat. Il s'appelait André, il portait le nom du frère de son père, mort au combat, en octobre 1918, quelques jours avant la fin de la Première Guerre mondiale. À nouveau, la guerre avait fauché une génération.

Nous étions effondrés. Les Weismann avaient beau être médecins, ils ne possédaient plus rien. Leur clientèle avait disparu. Leur maison avait été pillée. Leurs économies avaient fondu.

Le lendemain de mon arrivée à Paris, comme ils n'avaient ni argent ni vêtements à m'offrir, c'est une voisine qui m'a secourue avec une robe et des sous-vêtements.

Il régnait dans cette maison une atmosphère de désolation. Il n'y avait plus le moindre meuble. Les miroirs avaient disparu, à part ceux qui étaient scellés aux murs et que les pillards n'avaient pas pu emporter. Je faisais ma toilette matinale devant un miroir brisé par une balle. Mon image y apparaissait fissurée, fragmentée. J'y voyais un symbole.

Nous n'avions rien à quoi nous raccrocher.
Ma sœur Milou était gravement malade, mon oncle et ma tante avaient perdu le goût de vivre. Nous faisions semblant de vouloir continuer. La seule solution était de s'occuper. Ma tante avait repris ses activités de médecin. Elle tentait de remettre la maison en l'état. Elle confectionnait des rideaux, des abat-jour.

Pourtant, nous n'étions pas les plus mal loties.

D'une certaine façon, nous étions rentrées « chez nous ». Nous revenions dans cette France où nous avions toujours vécu. Ceux qui n'avaient plus du tout de famille, et ils étaient nombreux, ont connu une situation bien plus dramatique que la nôtre. Bien des jeunes gens de mon âge n'ont retrouvé personne. Je pense à tous ceux qui sont partis d'Allemagne ou d'Autriche peu de temps avant la guerre et dont la famille, restée sur place, avait entièrement disparu. Pourtant, beaucoup ont fait preuve d'une volonté stupéfiante. Ils se sont battus. Il leur fallait aussi surmonter moralement ce qu'ils avaient vécu. Ils ont tout reconstruit.

Ainsi, j'ai connu à Bergen-Belsen un très jeune déporté, alors âgé de douze ou treize ans. Il était devenu l'esclave sexuel des kapos et des SS. Je l'ai revu. Il a fait de brillantes études, a mené une belle carrière. J'ai connu sa famille, ses enfants.

Sa femme m'a dit un jour : « Il ne parle jamais du camp. »

Pendant l'été 1945, les Français manquaient de tout. On ne trouvait ni nourriture, ni vêtements. Le peu qu'il y avait était hors de prix. Notre vie était précaire. On essayait de nous aider, ce qui donnait parfois des résultats déconcertants. Ainsi, Milou et moi sommes parties un mois en Suisse, à l'invitation de Geneviève de Gaulle-Anthonioz, résistante et déportée, qui devait y faire des conférences.

Nous sommes arrivées dans une villa à Nyon, prêtée par les propriétaires. Aussitôt, nous avons eu l'impression d'être entrées au couvent. Il y avait une prière obligatoire matin et soir, alors même que nos origines étaient diverses : il y avait parmi nous des Juives, des agnostiques, des catholiques. J'étais la plus jeune. On nous avait organisé des activités supposées nous être utiles, comme des cours d'anglais ou de dactylographie. Un soir, nous sommes sorties avec l'obligation de rentrer à 22 heures. Certaines sont parties danser. Nous sommes revenues avec un quart d'heure de retard. On nous a fait cette réflexion : « Après ce que vous avez vécu, comment pouvez-vous songer à vous amuser ? »

Il y a eu pire. Un Suisse qui me guidait dans Lausanne et se voulait bienveillant, espérant entendre de ma bouche des choses spectaculaires, m'a demandé dans un magasin, face au commerçant : « N'est-ce pas que les SS ont fait mettre des femmes enceintes par des chiens… » Nous étions au mois d'août 1945.

Puis, toujours en Suisse, des cousins de ma tante m'ont invitée. Ils m'ont emmenée à Genève, dans des grands magasins, et m'ont proposé de choisir des vêtements. J'ai pris plusieurs paires de chaussures, des twin-sets de différentes tailles pour mes sœurs. Enfin, ces cousins m'ont acheté une petite montre Tissot en acier, d'un modèle tout simple. Eh bien, à la douane française, le contrôle a été impitoyable. Les douaniers m'ont presque déshabillée et ont voulu me faire payer de fortes taxes pour la montre et les chaussures que j'avais aux pieds. Cela m'a mise hors de moi.

J'ai montré ma carte de déportée. Rien n'y a fait. Ce fut mon premier contact avec l'administration française.

Un sentiment d'incompréhension, de malentendu, d'absurdité m'accompagnait partout.

Pendant l'été 1945, je me suis dit : « On va nous poser des questions et personne ne nous croira. » Beaucoup de déportés revenaient dans un état physique épouvantable. Certains furent hospitalisés immédiatement. D'autres sont morts presque aussitôt. Tout cela suscitait la pitié, la surprise, l'incrédulité parfois. J'avais l'impression que les survivants gênaient. Nous paraissions étranges. On ne savait pas comment nous situer. Des questions surgissaient, humiliantes, aberrantes, parfois presque folles. Nous avons très vite compris qu'il fallait accepter beaucoup de choses. J'étais étonnée de voir d'anciennes résistantes, plus âgées que moi, accepter tout cela sans broncher. Sans doute, au camp, avions-nous pris l'habitude d'être maltraitées. De temps en temps cependant, la colère explosait.

Les relations entre anciennes déportées n'ont pas toujours été faciles. En 1955, je suis allée dans un dispensaire de la FNDIRP la Fédération nationale des déportés et internés, résistants et patriotes, rue de Boulainvilliers à Paris. J'avais besoin d'un certificat médical pour constituer un dossier de pension. Je me suis heurtée à un refus net et catégorique. Je me suis retournée vers la Fndirp, la Fédération nationale des déportés et internés, résistants et patriotes, d'obédience communiste. Comme je n'y étais pas inscrite, je n'ai pas eu droit, là non plus, à mon certificat. Un médecin a fini par me l'établir.

Quant aux déportés juifs, très peu avaient survécu, en dehors de ceux de Buchenwald. Dans l'immédiat après-guerre, ils n'étaient pas organisés. La seule structure existante était l'OSE, l'Œuvre de secours aux enfants, qui avait réussi à recruter des médecins. Les enfants de l'OSE, dont les parents avaient été déportés, ont ainsi pu être pris en charge. En dehors de cela, je ne crois pas qu'il y ait eu, pour les déportés juifs, la moindre initiative.

Dès l'été 1945, les grands procès de la Collaboration se sont ouverts, dont celui de Pétain. J'en lisais le compte-rendu dans les journaux. J'étais frappée de voir que la persécution des Juifs, leur statut et leur déportation n'entraient jamais en ligne de compte. Le grand enjeu du procès de Pétain portait sur les affrontements entre Français. Ce qui était arrivé aux Juifs n'était pas évoqué. On savait que les déportés revenaient. On savait que les familles, ou ce qu'il en restait, allaient les accueillir à l'hôtel Lutetia ou dans les gares.

Mais les seuls dont on parlait, c'étaient les déportés résistants. Ils s'étaient souvent comportés de façon héroïque, ils retrouvaient leurs réseaux et leurs amis. Des Juifs qui revenaient, on ne parlait presque pas. La plupart étaient jeunes. Un grand nombre étaient d'origine étrangère. Là où ils avaient passé leur enfance, il n'y avait plus rien. Leur famille avait disparu. Leurs parents, déportés avec eux, n'étaient pas rentrés. Beaucoup n'avaient pas de domicile, ni les moyens de retrouver un appartement ou un fonds de commerce. Ils vivaient très difficilement et leur cas n'intéressait personne.

En France, des événements essentiels s'étaient déroulés. Nous n'avions pas connu la Libération, ni les lendemains de la guerre. Chacune des personnes que nous rencontrions portait un regard différent sur cette période.

Il y avait comme un trou dans nos vies. Je ne l'ai jamais comblé. Je ne saurai jamais par moi-même ce que cette période a été.

Le plus difficile, ce fut sans doute le regard que les autres portaient sur nous. Certains éprouvaient de la compassion. Ils avaient envie de nous parler sans savoir quoi nous dire. Ils étaient gênés, craignaient d'en dire trop ou pas assez.

Nous rencontrions aussi l'indifférence totale. Nous entendions des commentaires déplacés ou même grossiers. À la fin de l'été, alors que ma sœur et moi avions les bras nus, avec le tatouage apparent, nous avons entendu : « On croyait qu'ils étaient tous morts », ou : « Hélas, il y en a qui ont survécu. » On sentait que certains se demandaient : « Mais pourquoi sont-ils là ? » En France, pendant des années, je n'ai pas cessé d'entendre des propos bizarres, notamment sur mon tatouage. En Allemagne, au début des années 1950, un consul de France m'a demandé si c'était mon numéro de vestiaire. Dans *Si c'est un homme*, Primo Levi décrit ce terrible malentendu du retour.

Au retour à Paris, un ami que j'aimais beaucoup m'a dit, comme si de rien n'était : « Tu as sûrement été violée plus d'une fois… » Je n'aurais pas dû en être affectée, effondrée.

Bien sûr que des viols de femmes juives ont eu lieu dans les camps. Pour ma part, cela ne m'est pas arrivé.

Nous étions d'ailleurs protégées par l'antisémitisme des nazis. Tout contact avec une femme juive leur était interdit.

Mais après-guerre, j'ai été profondément humiliée par la curiosité dont je faisais l'objet et par ce doute que je lisais dans les regards. Ces regards ont empoisonné mon retour.

Cette suspicion, je l'ai vécue à nouveau, bien plus tard, en participant à un débat avec de jeunes Juifs à la maison France-Israël. L'un d'eux m'a demandé : « Qu'est-ce que vous avez fait pour être rentrée vivante des camps ? » Comme s'ils me demandaient combien de personnes j'avais tuées pour me protéger.

Moi qui, ce jour-là, ne me sentais pas en forme, j'ai trouvé les mots pour leur dire ce que je pensais.

Ceux qui n'avaient pas envie de m'entendre m'ont entendue.

Cependant, lorsque les déportés se retrouvaient, ils avaient un sentiment intense d'exister. On avait voulu les tuer et ils étaient là. Leurs adversaires n'avaient pas gagné. Au fil des années, nous nous sommes beaucoup vus et revus. Il était essentiel de parler de ce que nous avions vécu.

Ceux qui n'avaient pas traversé les mêmes épreuves ne pouvaient pas comprendre. Ils auraient sans doute trouvé dans nos témoignages une certaine forme de cruauté, un certain cynisme. Pour nous, c'était la seule façon possible d'en parler.

Je me souviens d'un voyage à Lyon avec quelques anciens camarades de déportation. Nous rendions visite à l'un des nôtres. Nous étions une dizaine dans un train sans compartiments, à parler entre nous, au vu et au su des autres passagers. Ils ont dû être stupéfaits du ton que nous employions, de la façon crue et apparemment cynique dont nous parlions.

Dès la fin mai 1945, j'ai su qu'il s'était créé une Amicale des anciennes déportées d'Auschwitz. J'ai voulu m'y inscrire pour retrouver des camarades. La direction et l'organisation de cette amicale étaient prises en main par les communistes, qui n'étaient pas, à mes yeux, les plus représentatives du camp d'Auschwitz-Birkenau.

Certaines, bien sûr, y étaient restées longtemps, dès la première année. Un grand nombre n'en étaient pas revenues. Cependant, cette orientation liée au Parti communiste français ne correspondait pas à la majorité des anciens déportés. Il n'y avait pas que les survivants, il y avait aussi ceux qui, par centaines de milliers, étaient morts.

Serge Klarsfeld, avec son association qui s'adressait aux enfants et petits-enfants des déportés juifs, a donné une tout autre orientation à ce travail d'entraide et de mémoire.

Ce qui me frappe, plus d'un demi-siècle après, c'est que personne n'a compris la réalité des choses.

Personne ne perçoit vraiment l'angoisse, le traumatisme qu'elles ont pu susciter. Je ne cesse de lire des témoignages et des livres d'histoire. Ils dépassent tout ce qu'on pouvait savoir ou imaginer sur cette époque. J'ai écrit à l'auteur d'un ouvrage sur la déportation qui m'avait particulièrement marquée pour lui demander si cette histoire était ou non une fiction. Il m'a répondu : « C'est l'histoire de mes parents, je n'ai rien changé. »

On ne se rend pas compte du nombre de familles nombreuses dont il ne subsistait plus, au lendemain de la guerre, qu'une ou deux personnes. J'avais des camarades dont une grande partie de la famille était restée en Pologne. Au retour, il n'y avait plus personne.

L'expérience des camps laisse une empreinte instinctive, quelque chose de sensoriel, d'ineffaçable qu'il est très difficile de raconter. Longtemps, j'ai eu peur d'entrer dans un commissariat, j'ai eu peur de croiser un uniforme, de passer une frontière. Comme si j'allais me trouver en faute. En même temps, j'avais envie de braver l'autorité. Sans doute est-ce parce que mon père n'a pas eu suffisamment peur. Il n'imaginait pas ce qui allait arriver. Il s'est cru à l'abri et l'a payé de sa vie. Longtemps, cette peur est restée en moi, alors même que j'avais un sentiment profond d'appartenance à mon pays.

Encore aujourd'hui, une odeur particulière, une certaine sensation de froid, une vision peut envoyer ce que j'appellerais un flash, une réminiscence brutale.

Ces manifestations sont imprévisibles. Parfois une perception *a priori* positive, ou même heureuse, se charge d'angoisse. Ainsi, le simple fait de voir des enfants peut me ramener à l'époque de la Shoah.

Je me suis retrouvée récemment à une cérémonie religieuse juive à laquelle participait mon petit-fils. À ses côtés se trouvaient deux ravissantes fillettes. L'une d'elles évoquait pour moi ces enfants que l'on voit sur les photographies des musées-mémoriaux de la Shoah, celui de Paris ou de Yad Vashem, à Jérusalem. À chaque fois que je pense à ces photos, elles me déchirent le cœur.

On les a retrouvées dans les affaires abandonnées par les familles déportées. Les enfants sont souvent endimanchés, comme c'était l'usage à l'époque pour passer chez le photographe. On faisait cela pour les mariages, pour une fête familiale.

Au mémorial de Malines, en Belgique, figurent beaucoup de ces portraits d'enfants habillés et coiffés pour la photographie. Sur les murs de ce mémorial, on voit des photos d'une même famille au fil des années de guerre : peu à peu, les visages disparaissent, car les membres de cette famille sont partis en déportation les uns après les autres. À la fin, il ne reste qu'un seul visage, celui d'un enfant caché ou parfois celui d'un adulte qui a été déporté mais qui est revenu. Ces enfants endimanchés, avec leur coiffure impeccable, leur costume marin, sont pour moi des visions aussi belles qu'insupportables.

Ceux qui ont été sacrifiés, ce sont aussi les enfants qui ont été cachés. Une de mes cousines, une nièce de mon père, a été cachée pendant la guerre. Elle a besoin d'en parler avec moi. Cela reste quelque chose de très douloureux, très difficile. Les conditions de la disparition des parents ne sont pas connues, ils ne parviennent pas à les imaginer, ils ne peuvent pas les assumer. C'est quelque chose de terrible, de différent mais terrible. Lorsque nous sommes arrivés à Birkenau, en quelques minutes, les anciens du camp, souvent avec un réalisme effroyable – peut-être n'y avait-il pas d'autre moyen de le dire –, nous ont mis au courant : la fumée qui sortait des cheminées était tout ce qui restait de personnes que nous avions connues. Ces disparitions, nous avons eu les mois de déportation, non pas pour les accepter, car elles étaient inacceptables, mais pour les assumer, pour vivre avec. Les enfants des disparus, eux, n'ont pas pu vivre avec. Ils ne savent rien et doivent vivre avec ce rien, ce vide.

Aujourd'hui, on entend monter ce refrain : « Arrêtez de parler de la Shoah. D'autres horreurs ont eu lieu depuis.

Chaque époque apporte son lot de tragédies. » Les gens n'ont pas conscience. Pendant longtemps, il n'a pas été possible d'en parler.

Aux États-Unis, jusqu'aux années 1970, les survivants ont évité de témoigner. En Israël aussi, la prise de parole a été très tardive. Il a fallu attendre le procès d'Eichmann.

En Israël, on a même exprimé cette idée que les Juifs d'Europe s'étaient laissé faire, qu'il leur aurait été facile de se révolter contre les nazis. Cette illusion alimentait un certain mépris, en tout cas, une certaine incompréhension.
Elle explique en partie ce long silence. Certains de mes camarades, partis en Israël, n'ont jamais dit qu'ils avaient été déportés.

Aujourd'hui, je crois que le traumatisme vécu par cette génération n'a pas été appréhendé à sa juste mesure. Le temps n'efface rien. En France, on parle encore de la Saint-Barthélemy et des guerres de Religion… sans parler de la Révolution française !

Or, bientôt, la génération des déportés va s'éteindre, mais l'événement est encore très proche. On entend ici ou là qu'il faut oublier et qu'il faut aussi pardonner. Ce n'est pas la même chose. Il est certain qu'il faut à tout prix éviter l'oubli.

Quant au pardon… Qui peut pardonner ? Dans son livre *Les Fleurs de soleil*, Simon Wiesenthal raconte cette histoire qui lui est arrivée au camp de Lemberg en 1942 : un jeune SS en train de mourir lui confesse ses crimes pour obtenir, dit-il, le pardon d'un Juif.
Simon Wiesenthal lui refuse ce pardon.
Dans le cours du récit, il continue à se demander s'il a eu raison. À la fin du livre, plusieurs personnalités sont invitées à donner leur avis : des philosophes, un prêtre catholique, un rabbin.

J'ai participé à ce débat. Pour ma part, je comprends la position de Wiesenthal : ce n'est pas à nous, les survivants, qu'il appartient de pardonner.

Ceux qui auraient pu pardonner ou ne pas pardonner, ceux-là sont morts.

Le problème désormais est de savoir comment on vit avec ce qui s'est passé, comment on vit ensemble.

J'ai souhaité la réconciliation avec les Allemands.

J'ai souhaité que l'Europe se fasse.

Mais à condition de ne pas oublier.

Au retour du camp, je me suis sentie profondément différente. Avant, j'étais gaie, coquette, souvent futile. J'avais sans cesse envie de petites choses. En rentrant, je me suis mise à établir une distance entre l'essentiel et ce qui ne l'était pas. Je me disais sans cesse : « Quelle importance ? »

Je suis devenue plus sévère vis-à-vis des autres, puisque je les testais sur ces nouveaux critères. Ma sensibilité s'est aiguisée face à des situations qui auparavant m'auraient moins affectée.

Très vite, j'ai décidé de travailler.

Ma mère avait souffert d'être une femme au foyer. Elle m'avait toujours dit : « Il faut pouvoir être indépendante. Il faut faire des études qui vous donnent un vrai métier. » Ses enfants étaient la joie de sa vie, mais elle subissait la tutelle économique de son mari. Les femmes de sa génération n'osaient pas s'en plaindre. Le statut matrimonial était très contraignant. Même si les épouses possédaient quelque chose, c'était au mari de gérer leurs biens.

Cette condition féminine, ma génération n'en voulait plus. Pour moi, les études étaient un devoir et une nécessité. Pourtant, s'il avait fallu repasser mon baccalauréat, je n'en aurais pas eu le courage. Or, à mon retour des camps, j'ai vite su que j'avais été reçue aux épreuves passées la veille de mon arrestation.

La question se posait pour Milou et pour moi : allions-nous chercher du travail tout de suite ou commencer des études ?
À l'époque, je ne pouvais pas imaginer ce que serait ma carrière future. Mon oncle et ma tante retrouvaient leurs vies professionnelles.
Ils nous assuraient le gîte et le couvert. Milou et moi pouvions nous consacrer aux études. Tout le monde n'a pas eu cette chance.

Je suis entrée à Sciences Po en septembre 1945, pour la première rentrée. À l'époque, Sciences Po avait un examen d'entrée pour les filles uniquement. J'ai obtenu une dispense d'examen.

Beaucoup étaient dans des situations particulières. J'ai intégré une « conférence », c'est-à-dire un groupe d'étudiants à la composition hétéroclite.

Je m'y suis sentie étrangère, tout comme à la faculté de droit plus tard. J'étais une Provinciale issue d'un milieu qui n'avait pas particulièrement de réseau, de vie sociale.

C'était le Paris de l'après-guerre, la vie matérielle était précaire mais cela n'empêchait pas les rencontres, les fêtes. Je ne savais pas m'habiller. Adolescente, j'avais connu quelques flirts, mais je ne savais pas ce que sortir signifiait. Là, je n'avais plus envie de danser, ni de flirter. J'acceptais l'invitation, mais au bout de dix minutes, je trouvais cela épouvantable.

Même dans mes premières années de mariage, j'ai refusé la vie sociale. J'avais le sentiment de n'avoir rien à dire à personne. Je ne voulais pas me montrer en public. Je me souviens d'une soirée chic et bourgeoise que j'ai passée derrière un rideau.

Au début de 1946, des amis de Sciences Po m'ont proposé de partir aux sports d'hiver. C'étaient mes premières vacances depuis l'avant-guerre. Parmi ces amis se trouvait Antoine Veil, un camarade étudiant. Nous sommes allés à Grenoble où vivaient ses parents.
À bien des égards, par leur culture, leur histoire, ils ressemblaient aux miens. Je retrouvais une famille. J'avais dix-neuf ans, Antoine en avait vingt. Nous nous sommes mariés à l'automne 1946. Notre premier fils est né fin 1947. Nicolas, le deuxième, l'année suivante.

Dès 1947, Antoine a obtenu un poste d'attaché parlementaire, puis on lui a proposé de travailler en Allemagne – alors occupée par les Alliés –, auprès du commissaire général aux affaires autrichiennes et allemandes. Nous avons accepté. Certains proches ont trouvé ce choix étrange, nous l'avons assumé. En janvier 1950, je suis donc partie avec mon mari à Wiesbaden, au bord du Rhin.

Pour moi, ce n'était plus le même pays, ni le même peuple. Je n'arrivais pas à recoller le présent avec le passé et, de ce fait, je ne ressentais aucune haine. Ce que j'avais vécu était absolument hors normes. Cela ne se rattachait pas au quotidien, que ce soit en France ou en Allemagne.

Cela se passait cinq ans après la guerre. Nous vivions en zone d'occupation américaine et rencontrions surtout des Français et des Américains. À peine si nous croisions des Allemands dans les magasins. Mes deux fils aînés, cependant, ont été au *Kindergarten*, le jardin d'enfants allemand, où ils ont commencé à apprendre la langue. Pour ma part, je n'ai jamais appris l'allemand.

Dans cette Allemagne de l'après-guerre, rien ne me rappelait le monde des camps. Les gens vivaient normalement, parlaient normalement, ils n'aboyaient plus. Il était devenu impossible de penser à ce qu'était l'Allemagne cinq ans auparavant.

Plus tard, en entrant au Parlement européen, j'ai rencontré des Allemands déjà adultes sous le IIIe Reich et je me suis posé cette question, lancinante à l'époque : « Que faisaient-ils, où étaient-ils dans ces années-là ? »

Je me demande toujours comment une telle monstruosité a pu jaillir, avant la guerre, d'un pays aussi développé, aussi cultivé que l'Allemagne. Un jour, j'ai posé la question à Yehudi Menuhin, rencontré à Strasbourg le temps d'un concert. C'était non seulement un grand musicien mais un homme d'une culture très étendue.
Selon lui, rien ne permettait d'expliquer l'horreur nazie. La culture allemande, si raffinée, n'avait pas fait barrage. La musique, si jouée, si aimée dans ce pays, n'avait servi à rien.

L'histoire de l'Allemagne et des Juifs est vraiment particulière. Elle défie toute compréhension. Au début du XIXe siècle, les discriminations contre les Juifs ont diminué un peu partout en Europe. En France, les Juifs sont devenus citoyens en 1805. Ailleurs, ce fut la fin des ghettos, même si les pogroms ont persisté, surtout en Europe de l'Est, et même s'il subsistait des discriminations professionnelles. Telle fut la tendance générale jusqu'au début des années 1930.

L'Allemagne, elle, avait une culture particulière, ancienne, plus favorable aux Juifs que dans bien des pays d'Europe. Les grandes villes de Rhénanie, en particulier, comptaient depuis toujours d'importantes communautés juives, protégées depuis des temps reculés par un statut particulier. Les anciennes villes franches rhénanes offraient aux Juifs une condition privilégiée, si on la compare au reste de la chrétienté. Or, c'est là, en Rhénanie, qu'ont eu lieu les premières grandes rafles allemandes.

Les Juifs de cette région ont été parmi les premiers à fuir en France. Certains ont d'ailleurs été internés au camp de Gurs avant de partir en déportation.

Le nazisme a donc balayé la tradition allemande et il a effacé le courant moderniste, la tolérance issue des Lumières. Il a bâti une idéologie de destruction raciale tout à fait étrangère à la tradition nationale. L'antisémitisme de Hitler était vraiment d'une nature particulière. Sa haine obsessionnelle s'est accompagnée d'une méthode d'extermination systématique. À partir de la conférence de Wannsee, en 1942, on peut se demander si la volonté d'extermination de tous les Juifs d'Europe n'a pas été plus forte que le désir de victoire. Par son caractère méthodique et systématique, le plan nazi d'extermination n'a pas d'équivalent dans l'histoire. Et cependant, les Juifs allemands n'ont pas cessé, pour autant, de se sentir allemands.
À Birkenau, j'avais rencontré une déportée juive allemande qui gardait une haute idée de son pays.

Elle était encore fière d'être allemande.

On m'a parfois demandé comment j'avais pu, après les camps, retrouver le désir de vivre. La seule réponse valable à mes yeux est celle-ci : on n'a pas le choix. Cela me paraît valable pour une personne comme pour un pays tout entier. Après la fin du régime franquiste, on a posé aux Espagnols une question comparable : comment, après la guerre civile, avez-vous pu reconstituer une nation avec cette facilité apparente ? Au Parlement européen, je voyais se tutoyer des députés espagnols dont je savais que les parents s'étaient violemment affrontés. Le fils d'un fusillé arrivait à parler avec celui qui avait fait fusiller son père.

Lorsque les choses en sont arrivées à ce degré de tragédie, il n'y a plus que deux possibilités : ne jamais en sortir ou renouer avec le désir de vivre. Après la guerre, je me suis placée du côté de ce désir de vivre. Mes sentiments européens, l'effort de réconciliation – car il s'agit d'un véritable effort – sont venus de ce désir. Je fais partie de ceux qui disent : « Si on ne le fait pas, nos enfants vont revivre quelque chose d'encore pire. » Dans les situations de génocide ou de « purification ethnique », même si on a affaire à un phénomène résurgent, il y a malgré tout des moments où la majorité des deux bords finit par vouloir en sortir.

En même temps, le processus de réconciliation doit se dérouler selon un mode bien précis. Juger tout le monde et organiser des procès spectaculaires me paraît une impasse. On ne peut pas faire table rase. On ne force pas les gens à vivre ensemble dès le lendemain d'une guerre civile ou d'un génocide. Au Kosovo – région de l'ancienne Yougoslavie déchirée par un conflit entre les Serbes et les indépendantistes kosovars –, en 1999, cela n'a pas marché. On leur a dit : « C'est très mal, il faut accepter d'autres ethnies et d'autres religions que les vôtres. » C'était peine perdue, car ils venaient de s'entretuer. Il faut laisser du temps. Cette conception fait le plus souvent défaut. Le souvenir de la déportation a beaucoup joué dans ma position vis-à-vis de l'Europe. J'ai cru en la réconciliation nécessaire des peuples européens. J'ai aussi compris qu'il fallait du temps.

Dans mon enfance, le souvenir de la guerre de 1914-1918 était omniprésent. Il s'est écoulé depuis 1945 beaucoup plus de temps qu'entre les deux guerres. Pour l'ensemble des familles françaises, la Première Guerre mondiale a eu des conséquences bien plus dramatiques que la Seconde. Aujourd'hui, lorsqu'on passe devant les monuments aux morts des villages bretons, la liste des morts est impressionnante. C'étaient des paysans, tous fantassins. Ils ont fourni les régiments de première ligne. On dit « décimés », ce qui signifie une proportion d'un sur dix, or il s'agit d'une proportion bien supérieure. En 1916, à Verdun, lorsqu'un fantassin sortait de la tranchée pour partir à l'assaut, il était presque sûr de ne pas en revenir. En rentrant à Paris par l'autoroute de l'Est, on voit jusqu'où les Allemands sont arrivés en 1914, et le prix que cela a coûté. Les conséquences ont été tragiques : beaucoup de veuves, un affaiblissement considérable du pays.

Puis est venu le temps de la dissimulation. *Les Sentiers de la gloire*, ce film de Stanley Kubrick sur les mutineries de 1917, a été très longtemps interdit en France. Au sujet de la Première Guerre mondiale, dans ma jeunesse, personne ne pouvait être neutre. Mon père faisait partie de ceux qui, bien qu'ayant assisté à la victoire, attendaient encore une « revanche » supplémentaire et préconisaient de tuer tous les Allemands si c'était possible. Dans la presse patriote de l'époque, on lisait des articles présentant l'Allemagne comme l'« ennemi héréditaire ». Après 1945, François Mauriac avait dit : « J'aime tellement l'Allemagne que je suis ravi qu'il y en ait deux. »

Et pourtant, dans ce contexte de fracture absolue entre les deux peuples, certains ont compris, au lendemain de la Première Guerre mondiale, que si l'on ne se réconciliait pas, cela ne pouvait que recommencer, très vite et de la pire façon. Dès les années 1950, on a vu se profiler le spectre d'une troisième guerre mondiale. On a craint que les Allemands ne refassent leur unité au prix d'une amitié avec l'Union soviétique.

Sur tous ces sujets, j'ai toujours réfléchi à partir de l'expérience de la déportation. Il y a une façon rationnelle de reconstruire une vie commune, à condition d'en fixer les modalités. L'une de ces modalités, c'est celle de la mémoire. Là-dessus, les Allemands ont vraiment joué le jeu. En matière d'enseignement, ils ont fait mieux que nous.
Ils ont organisé des expositions, des mémoriaux plus nombreux. Combien de temps cela va-t-il durer ? Nous n'en savons rien, mais cet effort aura marqué les esprits. Ce qui est extraordinaire, c'est que, trouvant qu'une Allemagne sans Juifs n'était pas une véritable Allemagne, ils aient proposé à des Juifs russes de s'y installer.

Mon mari et moi sommes rentrés d'Allemagne en 1954.
Il a été reçu à l'ENA puis il a fait un stage au Maroc, où je l'ai
accompagné. Ensuite, nous sommes rentrés à Paris. Notre troisième
fils est né peu de temps après. À l'époque où mon mari terminait
l'ENA, je lui ai dit : « Tu vas bientôt commencer ta carrière, moi,
je voudrais travailler à mon tour. Je vais faire un stage chez un avoué
pour me préparer au métier d'avocat. » J'ai fait mon droit, enceinte
de mon troisième enfant, puis j'ai annoncé à mon mari mon intention
de m'inscrire au barreau. Or, Antoine m'a dit : « Ce n'est pas un métier
pour une femme, on se retrouve à défendre n'importe qui. »
Le combat semblait perdu d'avance. Je me suis mise à chercher autre
chose. Un peu plus tard, Antoine m'a donné ce conseil : « Depuis
quelques années, il y a des femmes magistrates. Là, tu serais du bon
côté. » À l'époque, je ne voyais pas le magistrat comme celui qui
sanctionne mais aussi comme celui qui défend le droit et la justice.
Il n'y avait pas encore d'École nationale de la magistrature, mais un
concours que j'ai préparé et passé à Paris après un stage au parquet
et au barreau. Les femmes commençaient à choisir ce métier qui
n'était plus assez rémunérateur pour attirer les hommes.
En 1955, la France était en pleine expansion et les carrières dans
le privé devenaient plus prestigieuses pour les juristes masculins.

Je me suis retrouvée à l'Administration pénitentiaire. J'étais
moi-même une ancienne détenue, mais, à la différence de Geneviève
de Gaulle-Anthonioz, je me suis abstenue de tout parallèle.
Au nom de l'expérience de la déportation, Geneviève de Gaulle-
Anthonioz s'est investie auprès de ceux qui se trouvaient dans
l'extrême dénuement. Dans le cadre pénitentiaire, je me suis
refusée à établir un lien aussi direct. J'ai toujours vu dans
la prison une sanction nécessaire ; d'une part, pour empêcher
les délinquants ou criminels de récidiver ; d'autre part,
parce que la société doit se défendre.
Mais mon expérience personnelle changeait mon regard sur le sens
de la condamnation et les conditions de la détention. Il ne faut
jamais faire perdre aux gens leur dignité. Il ne faut pas les humilier.

En 1957, lorsque je suis arrivée à l'Administration
pénitentiaire, un certain nombre de directeurs de prison avaient
connu la Résistance et la déportation. Certains avaient choisi
cette profession en raison de l'expérience qu'ils avaient eux-mêmes
subie. Ils cherchaient à réformer le système carcéral. La plupart

des prisons de l'époque étaient dans un état déplorable. Je ne dis pas que celles d'aujourd'hui sont devenues des palais, mais, dans les années 1950, il y avait des prisons moyenâgeuses. Elles étaient surpeuplées à l'extrême. Beaucoup ont été détruites.

Pourtant, dans ces années-là, il soufflait un vent de réforme. On sentait l'enthousiasme, les idées nouvelles. Criminologues, juristes et médecins travaillaient ensemble. Certains détenus étaient associés à cette réflexion collective, notamment sur la question de la réinsertion. On essayait de rapprocher les prisonniers de leur lieu de vie antérieur, pour faciliter les visites des proches. On les regroupait en fonction de leurs chances de réinsertion. Des prisons-écoles pour les détenus de vingt à vingt-cinq ans ont été ouvertes. Hélas, dans les années 1960-1965, cet esprit s'est estompé. La ferveur réformatrice s'est perdue.

À l'Administration pénitentiaire, j'ai été d'abord très mal accueillie. J'avais pour mission d'inspecter les établissements et de donner des instructions aux directeurs de prisons. Une femme dans ce rôle, cela n'allait pas de soi. Cependant, après une brève quarantaine, tout s'est inversé. Ce travail m'a tellement passionnée qu'en vacances je demandais parfois à ma famille de s'arrêter près d'un centre pénitentiaire. Nous n'avions jamais les crédits suffisants pour accomplir convenablement nos missions d'inspection. J'étais donc obligée de prendre sur mon temps libre. Lorsque, en plein milieu de l'été, je m'absentais pour visiter la maison centrale de Nîmes, mon mari et mes enfants protestaient vigoureusement…

J'étais la seule femme à remplir cette fonction. À l'Administration pénitentiaire, je me suis retrouvée affectée au « bureau de la détention » et particulièrement chargée de la libération conditionnelle, de l'aide à la réadaptation, de l'éducation des plus jeunes détenus et de l'organisation des soins. J'ai aussi souhaité m'occuper des femmes, qui étaient alors quasiment oubliées. Leur situation était très difficile. Lorsqu'elles étaient détenues pour de longues peines, s'agissant de grandes criminelles, elles étaient soumises à une discipline très stricte. J'ai notamment visité la maison centrale de Rennes. La sous-directrice était une femme, ce qui était rare et correspondait au poste le plus élevé qui ne soit pas réservé aux hommes. Manifestement, cette sous-directrice ne partageait pas notre idéal de réforme. Elle faisait régner un régime très sévère.

Les détenues vivaient sous une chape de plomb. Elles avaient l'interdiction presque absolue de parler. Dès qu'une détenue échangeait de la nourriture au réfectoire avec une camarade, c'était déjà suspect.

Lorsque je suis arrivée, François Mitterrand était garde des Sceaux. Puis il y a eu l'arrivée du général de Gaulle en 1958. Il a nommé à ce poste Edmond Michelet, ancien résistant et déporté. Michelet s'est trouvé face à un afflux de détenus liés à la guerre d'Algérie, militants du FLN, le Front national de libération, ou du MNA, le Mouvement national algérien. Tous étaient partisans de l'indépendance de l'Algérie. Pour eux, les conditions de détention étaient mauvaises. Les hauts responsables du FLN réclamaient un statut de prisonniers politiques. Ce statut leur était refusé, car on ne considérait pas la guerre d'Algérie comme un véritable conflit, ni même comme une situation d'affrontement politique.

Edmond Michelet était convaincu que la négociation avec le FLN était inévitable. Ses sentiments humains corroboraient ses convictions politiques. Pour ma part, il me semblait que les conditions de détention étaient un élément important pour la négociation avec le FLN et pour les futures relations avec un État algérien. Le journal *France Observateur* avait publié des reportages désastreux sur l'état des prisons en Algérie française. Un journaliste, ancien déporté à Mauthausen, y avait même comparé la maison centrale de Berrouaghia aux camps nazis.
Edmond Michelet était très lié à Germaine Tillon, que je connaissais aussi. Cette ancienne résistante occupait un poste important auprès du gouverneur de l'Algérie. Elle était chargée de l'aide sociale et de la politique éducative. Le ministre lui a dit : « À l'Administration pénitentiaire, il y a une jeune magistrate, ancienne déportée, pourquoi ne l'envoyez-vous pas en inspection dans les prisons d'Algérie ? »

Lorsque le général de Gaulle est arrivé, il y avait beaucoup de condamnés à mort en instance d'exécution. De Gaulle a décidé de suspendre toutes les peines capitales. À l'époque, cela n'allait pas de soi. La population des Français d'Algérie menaçait de faire justice elle-même. On craignait une éventuelle intervention directe dans les prisons. Il fallait mettre les condamnés à l'abri.

En mai 1959, je suis partie en Algérie pour une tournée d'inspection des prisons. Je suis arrivée à l'improviste. Je dormais dans des hôtels miteux, sans téléphone. La grande question qui agitait l'administration algérienne était de savoir s'il fallait ou non rapatrier en métropole les condamnés à mort. J'ai donc écrit au garde des Sceaux, en lui signalant chaque situation, très différente selon les établissements. La prison de Berrouaghia posait un problème de sécurité des abords, mais aussi de délabrement intérieur et de régime carcéral. La discipline était oppressante. Les gardiens faisaient tourner sans fin les détenus. Les brimades pleuvaient. Lorsque je suis arrivée au centre pénitentiaire de Constantine, le directeur me fit ce commentaire : « Si c'est la guillotine que vous voulez inspecter, je vous garantis qu'elle est en bon état, elle a fonctionné souvent… » Tel était le climat dans lequel je travaillais.

À la suite de mon rapport, tous les détenus en instance d'exécution ont été transférés en métropole. Leurs conditions de détention n'étaient pas nécessairement meilleures, mais leur sécurité était assurée.
On a ramené les femmes détenues. Certaines avaient été blessées, notamment celles qui avaient posé des bombes. D'autres avaient été torturées. J'ai fait en sorte qu'elles soient regroupées dans une petite maison d'arrêt de Pau qui n'avait rien de confortable, mais qui était administrée par un surveillant très humain. Elles ont pu rester ensemble, avec des conditions de détention adoucies. On tolérait par exemple l'utilisation de cartes à jouer, de livres. Il paraissait évident que ces détenues algériennes n'allaient pas tarder à sortir de prison et qu'elles feraient sans doute partie des élites du futur État. En réalité, ça n'a pas été le cas pour la plupart, qui ont été renvoyées à leurs foyers.
En 1962, l'amnistie est arrivée. Entre-temps, certaines détenues algériennes sont revenues à Rennes, au centre pénitentiaire pour femmes. Nous nous sommes posé la question de leur sécurité. C'étaient les années de l'OAS. Avec Gisèle Halimi et d'autres avocats, nous avons organisé leur sortie. C'est aussi moi qui suis allée à Fresnes annoncer son amnistie à Yacef Saâdi, l'un des principaux combattants de la bataille d'Alger. Il m'a dit qu'il souhaitait l'amnistie pour tous les détenus du FLN, sans différence entre les hauts responsables et les exécutants. Dans cette affaire des détenues algériennes, on m'a parfois attribué un rôle décisif. Or, rien n'aurait été possible sans l'accord du ministre et, surtout, sans l'esprit collectif qui régnait au ministère.

À cette époque, face à des questions aussi dramatiques que la guerre d'Indochine et la guerre d'Algérie, les partis étaient très divisés. Les groupes de pression régnaient de toutes parts. Robert Lacoste, le dernier gouverneur de l'Algérie, avait été nommé par les socialistes. On pensait qu'il irait vers une solution pacifique et négociée. Sitôt arrivé sur place, il a cédé aux forces hostiles à tout changement. Seul le général de Gaulle a pris l'initiative de la négociation et de la paix. Edmond Michelet, son garde des Sceaux, était favorable aux négociations. Son cabinet l'était aussi.

Je vivais dans cette atmosphère.

Les clivages politiques étaient violents. Il ne s'agissait pas de la place de l'État dans l'économie, question sur laquelle gaullistes et socialistes avaient à peu près la même vision. On s'affrontait sur la décolonisation et, quelques années plus tard, on s'est affronté sur l'Europe.
Sur cette dernière question, au début des années 1960, je me sentais proche des socialistes. Les gaullistes avaient une vision beaucoup plus « souverainiste », intransigeante. Leur conception rejetait l'intégration européenne au profit d'un lien beaucoup plus lâche. Ces clivages rendaient très difficile l'émergence de ce qu'on appelait alors la « troisième force ».

Dans ces alliances et ces conflits des années 1960, il y avait pour moi des points fixes, non négociables. Je n'aurais jamais accepté une alliance avec le Parti communiste.
Sur ce point, je n'ai jamais bougé. En 1974, il était exclu pour moi de voter pour la gauche, en raison du Programme commun qui rassemblait socialistes et communistes. J'avais alors une image très négative des régimes communistes, tant de l'URSS que de ce qu'on appelait les « républiques populaires » de l'Est européen. Cela ne m'empêchait pas d'entretenir de très bonnes relations individuelles avec beaucoup de communistes. J'estimais leur rigueur et la fermeté de leurs convictions. Mais ils m'apparaissaient comme les victimes d'une terrible duperie.
Pour les communistes français, le Parti représentait tout : c'était leur famille, leur environnement, leur foi, au sens quasi religieux.
Il a fallu que le monde tremble, en 1989, pour qu'ils acceptent ce qui sautait aux yeux. Ils ont payé le prix. Un prix exorbitant.

Cela, c'est au camp que j'ai commencé à le comprendre, alors même que les communistes étaient bien moins présents à Auschwitz-Birkenau qu'à Buchenwald, par exemple. J'ai perçu leur dogmatisme effrayant. L'évidence s'imposait. Ceux qui adhéraient à cette religion politique devaient tout donner d'eux-mêmes, sans retour possible. En Suisse, lors de ce séjour pour anciennes déportées, j'ai rencontré quelques jeunes communistes, qui m'étaient par ailleurs sympathiques. Une fois, au cours d'une conversation, en août 1945, j'ai eu le malheur de dire que, pour la culture et le mode de vie, nous étions plus proches des Allemands – le régime nazi mis à part – que des Russes. J'avais prononcé les mots qu'il ne fallait pas prononcer. À leurs yeux, cette opinion était scandaleuse. Elle valait exclusion du groupe. J'ai quitté la résidence suisse très peu de temps après.

Au milieu des années 1950, je me suis sentie proche de Mendès France. Il a ouvert des perspectives qui nous redonnaient de l'espoir, mais il manquait de majorité parlementaire pour gouverner. À l'Assemblée nationale, des alliances hors normes se sont constituées pour l'empêcher d'agir. Personne ne voulait qu'il réussisse. Lui-même ne faisait pas de concessions. La IVe République était paralysée. Beaucoup de ses opposants avaient des arrière-pensées liquidatrices. Ils souhaitaient la fin du régime.
Pour ma part, en fonction des candidats aux législatives et des circonstances, il m'arrivait de voter à gauche ou à droite. Je n'avais aucune activité militante. De plus, en tant que magistrate, je devais m'abstenir de soutien déclaré à un parti. J'ai cependant été membre du Syndicat de la magistrature après 1968. Ses premiers adhérents pensaient que la magistrature avait besoin d'une réforme profonde, aussi bien dans son fonctionnement que dans son recrutement.

Là-dessus, je les suivais.

Le système judiciaire était alors dans un grand délabrement. Michel Debré, ancien Premier ministre du général de Gaulle et juriste de formation, a fait des réformes dès 1959. Mais ensuite, cet horizon s'est estompé. Au début des années 1960, l'économie est devenue le seul enjeu. Ce monopole s'est prolongé après 1981 et bien au-delà. Au Parlement, les énarques ont remplacé les juristes. Les questions liées à la magistrature et à la justice ont cessé de constituer une priorité.

Je n'ai jamais pensé entrer en politique avant 1974. Valéry Giscard d'Estaing avait annoncé, au cours de sa campagne, qu'il prendrait des femmes dans son gouvernement. À l'époque, je travaillais au ministère de la Justice et j'occupais un poste dans un service de législation qui me mettait souvent en contact avec le garde des Sceaux. Je défrichais pour lui des questions juridiques, je rédigeais des notes pour que le ministre prépare ses interventions au Parlement. J'avais en particulier travaillé sur certains textes concernant le droit de la famille. C'est ainsi que je suis entrée au gouvernement. J'étais convaincue de ne pas tenir longtemps.
Je me disais : « Je vais commettre une grosse bêtise et on me renverra très vite dans la magistrature. »

En définitive, si je suis entrée dans la vie politique, c'est parce que j'étais une femme. Je suis arrivée à un moment où l'on cherchait à faire venir des femmes en politique. Chez Valéry Giscard d'Estaing, cela dépassait le calcul électoral. Il pensait que c'était une évolution indispensable. Dans les premières années de son septennat tout au moins, il a cherché à moderniser la vie politique et la société françaises. Les femmes, il leur faisait vraiment confiance. Ce n'était pas une simple apparence.

En rappelant cela, je ne dis pas que les femmes ont cessé d'être discriminées. Je sais à quel point beaucoup en souffrent, dans tous les domaines, y compris bien sûr dans la vie politique. Mais à titre personnel, au moins à mes débuts, je ne peux absolument pas me plaindre. Je n'étais inscrite dans aucun parti, je ne militais pas, je n'étais pas élue, encore moins parlementaire. J'ai eu la chance d'être sollicitée pour entrer au gouvernement.

En 1974, pendant sa campagne pour la présidentielle, Valéry Giscard d'Estaing avait pris l'engagement de légaliser l'interruption volontaire de grossesse. Une fois élu, il a tenu à ce qu'un projet soit rapidement déposé. Dans le gouvernement Chirac, Jean Lecanuet a été nommé garde des Sceaux et moi, ministre de la Santé. Pour ce projet de légalisation de l'IVG, Giscard d'Estaing privilégiait l'approche de santé publique sur l'approche judiciaire.

Le curseur était donc de mon côté. Le président pensait aussi que ce projet serait défendu plus facilement par une femme que par un homme. Ensuite, il n'a pas hésité une seconde, il a voulu que cela aille vite. En tant que ministre de l'Intérieur, Michel Poniatowski l'avait beaucoup alerté sur la question des très nombreux avortements sauvages qui portaient une atteinte quotidienne à l'ordre public.

Dans la majorité présidentielle de l'époque, qui incluait centristes, gaullistes et démocrates-chrétiens, les adversaires politiques au projet ne manquaient pas. Jacques Chirac, Premier ministre, n'était pas *a priori* favorable au projet de loi. Il pensait que c'était une lubie du président. Conscient de l'impopularité du texte auprès de sa base militante, il ne comprenait pas très bien pourquoi je tenais tant à le mettre en œuvre. Mais à partir du moment où le gouvernement l'avait décidé, il fallait que la loi passe.

Jacques Chirac m'a alors apporté tout son soutien. D'abord un soutien moral, il me téléphonait beaucoup. Lorsqu'il y a eu des options à trancher sur certains amendements, et notamment celui, si important, qui concernait le remboursement de l'IVG, il s'est entièrement rangé à mes côtés. Il m'a apporté un soutien politique.

Après le vote de la loi, j'ai senti l'atmosphère changer autour de moi, dans mon entourage politique immédiat et au-delà, parmi les membres de la majorité présidentielle. Cela n'est pas arrivé tout de suite, parce que les gens ont cru à un événement éphémère. Beaucoup se sont dit : « On la découvre mais elle est encore novice, sa popularité ne va durer que quelques mois. Elle a la charge de dossiers très lourds et elle finira bien par échouer. » À l'époque, très peu de femmes se risquaient en politique.

Pourtant, loin de s'atténuer, le phénomène de popularité s'est affirmé avec les sondages, il s'est amplifié au fil des années.

Les experts s'étonnaient, ils n'avaient jamais vu une telle popularité se prolonger. Même plus tard, alors que je n'intervenais plus dans la vie politique française, cette popularité a persisté, a suscité, dans mon camp politique, un certain agacement. Certains se disaient : « De toute façon, Simone Veil est une gourde qui ne sait pas s'exprimer, qui ne termine pas ses phrases, qui ne connaît rien à rien. Elle a eu de la chance, elle sait émouvoir, pleurer en public, c'est la seule chose qu'elle sache faire… »

Depuis les années 1970, j'en ai pris l'habitude : mon image est souvent meilleure à gauche que dans une certaine droite conservatrice. Dans ces milieux-là, les hommes me disent parfois : « Ma femme vous admire beaucoup ! » C'est vraiment dit de cette façon. Il semblerait donc que seules les femmes puissent admirer d'autres femmes…

Dans les années 1977 et 1978, cependant, certains ont craint que le succès ne me monte à la tête. On redoutait que je ne dévoile des ambitions qui auraient pu nuire aux principaux candidats de mon camp. En 1979, lors des premières élections européennes au suffrage universel, Valéry Giscard d'Estaing m'a demandé de conduire la liste UDF. Au grand soulagement de certains, j'ai quitté la scène politique française pour présider le Parlement européen.

Ensuite, certains, ou plutôt certaines, ont essayé de me convaincre de revenir sur la scène politique française, et même de me présenter à la présidence de la République. Ces encouragements venaient souvent de femmes qui me disaient qu'on ne pouvait pas laisser les choses en l'état, qu'il fallait continuer à œuvrer pour la cause féminine. Aujourd'hui encore, chaque fois qu'il y a une élection, des gens m'écrivent : « La France a besoin de vous. »
Il est vrai que, aux élections européennes de 1984, jamais la droite rassemblée n'avait obtenu un score aussi important. La liste que je dirigeais a obtenu 43 % et la majorité absolue des sièges au Parlement européen, ce qui était tout de même une belle victoire. Pourtant, la droite française a cherché à la minimiser.
À nouveau, j'ai senti pointer la crainte, chez certains de mes alliés naturels, de me voir revenir sur la scène politique française, avec la présidentielle en ligne de mire. Dans les institutions françaises, en effet, tout est concentré sur l'ambition présidentielle. Comme s'il ne pouvait pas y avoir d'autre ambition politique que celle de la fonction suprême.

À l'époque, si j'avais vraiment appartenu à un parti, si j'avais milité, si j'avais eu des responsabilités partisanes importantes, je me serais peut-être lancée dans la bataille, ne serait-ce que pour qu'une femme soit candidate à la présidentielle. Mais je n'avais pas du tout envie de m'intégrer dans une formation politique.
Ce n'est pas dans mon tempérament. Il faut sacrifier trop de choses.

Je reconnais que ma vie politique a été privilégiée, extraordinairement privilégiée. J'ai fait le choix de l'indépendance. Je me suis toujours sentie incapable de me plier à la discipline d'un parti, de me comporter en bonne militante.
Je suis trop contestataire. Dès que je me trouve dans un cadre bien organisé, il faut que je conteste un certain nombre de choses…
au risque de susciter l'étonnement et même le malentendu.
J'ai appartenu à des formations de droite et beaucoup de gens de gauche m'ont proposé de les rejoindre. Mais si j'avais appartenu à une formation de gauche, les gens de droite auraient sans doute dit : « Pourquoi n'est-elle pas avec nous ? » J'ai appris à vivre sur une sorte de frontière et j'y suis restée. Cela correspond à mon tempérament.

Il m'est souvent arrivé de proposer un projet de texte en m'imaginant dans la peau d'un membre de l'opposition, en train de démolir mon propre travail. En effet, je trouvais toujours très mauvaises les critiques qui m'étaient adressées. Mes propres critiques vis-à-vis de mon projet me paraissaient meilleures.
Ce que je propose, j'ai aussitôt envie de le contester. De toute façon, le projet n'est jamais exactement tel que je l'aurais souhaité. Mais j'avoue que, lorsque des critiques me sont adressées, même s'il s'agit de critiques constructives ou de simples suggestions, mon premier réflexe est souvent de dire non.
Plus exactement, je dis : « Non, mais je vais voir. » Ce « non » est un « non » de méfiance.
Je redoute de me laisser entraîner, de ne plus maîtriser les choses. Mon état d'esprit est difficile à expliquer : je doute, c'est ma nature, mais il y a des questions sur lesquelles je peux me montrer d'une rigidité extraordinaire. Bien des fois, j'ai entendu :
« Avec toi, il n'y a pas moyen de discuter ! »

Certaines questions me tiennent énormément à cœur, j'ai le sentiment d'avoir tant réfléchi sur elles depuis cinquante ans que j'ai beaucoup de mal à les mettre en cause.

J'ai connu des périodes de conflit intense, y compris avec mon propre camp. Au cours du débat sur l'IVG, j'ai vu des gens que j'aimais bien, que j'estimais, se laisser tout d'un coup submerger par la passion. Ce qui sortait de leur bouche ou de leur plume dépassait mon entendement. S'il s'agissait d'une personne pour laquelle je n'avais aucune estime, aucune considération, ces propos me laissaient indifférente. Mais s'il s'agissait de gens que j'estimais, j'en étais profondément blessée.

Michel Debré, par exemple, s'est montré très hostile au texte de la loi sur l'IVG pour des raisons essentiellement démographiques. Il pensait que ce serait un coup terrible pour la natalité française. Ce fut donc un adversaire déterminé, mais je l'ai toujours trouvé extrêmement respectueux de ma personne et de mes idées. Son ton et ses propos sont restés tout à fait acceptables. Il s'exprimait comme quelqu'un qui ne partageait pas les mêmes opinions. En revanche, j'ai été prise à partie par d'autres personnages publics plus ou moins connus. Non seulement des alliés politiques, mais des personnes que j'estimais, avec lesquelles j'avais noué des relations. Ils m'ont adressé des propos d'une grande violence.
Et là, je me suis dit que le débat était plus dur que si l'instigateur de la loi avait été un homme.
Mais un homme n'aurait peut-être pas fait passer la loi.

Et puis il y a eu l'antisémitisme. Au cours du débat sur la légalisation de l'avortement, au moment du vote de la loi et dans les années qui ont suivi, j'ai reçu un certain type de courrier. On ne peut pas dire qu'il soit agréable d'ouvrir certaines lettres, d'être insultée ou de tomber sur des dessins abominables…
J'ai conservé la plupart de ces lettres. Pas toutes, malheureusement. Mes secrétaires ont fini par m'avouer que certaines étaient tellement épouvantables qu'elles les avaient déchirées au lieu de me les montrer. Beaucoup sont arrivées quand je n'étais plus au gouvernement.
J'aurais dû me montrer plus vigilante et demander au ministère qu'on les garde et qu'on les trie pour moi. Un grand nombre de ces lettres ont été détruites.

J'ai conservé beaucoup de courriers à contenu antisémite. Ces lettres portaient des croix gammées, des insultes. Depuis la loi sur l'IVG, cela n'a jamais cessé. Mais je tiens à préciser que

tous les adversaires de la loi pour l'IVG n'étaient pas antisémites, loin de là.
À l'inverse, beaucoup d'antisémites ont pris le prétexte de la loi pour manifester leur antisémitisme de façon décomplexée.

Dès les années 1970, au moment de la loi pour l'IVG, j'ai été, bien sûr, violemment attaquée par le Front national, alors marginal et plus ouvertement antisémite qu'aujourd'hui. Ces attaques m'ont laissée parfaitement indifférente. Elles étaient prévisibles.
Quand un adversaire est absolument irrécupérable et dégueulasse, il ne vous atteint plus personnellement. Ce qui est inquiétant, c'est de penser qu'il y a autant de gens qui se laissent entraîner par ce parti, et qui votent pour lui sans comprendre ce qu'il représente.

Plus tard, le vocabulaire de l'antisémitisme s'est introduit dans d'autres débats qui me concernaient. En 1993, au moment des débats au Parlement européen sur l'expérimentation animale en cosmétologie, les campagnes d'opinion sont devenues très vives. En tant que députée européenne et ancienne présidente du Parlement, j'ai reçu des milliers de lettres pour qu'on interdise complètement toutes les expérimentations animales.
La principale association qui s'est alors créée sur cette question parlait de génocide des animaux, puis d'holocauste des animaux et s'est donc mise à traiter un certain nombre de députés européens de nazis. Cela m'était très directement adressé. Cela me visait tout particulièrement. Dans ce contexte, j'avais affaire à une certaine couleur de l'écologie, une sensibilité qui ne reculait pas devant l'amalgame.

J'ai donc été confrontée à des regains d'antisémitisme dans des contextes bien particuliers. Il m'est difficile d'en parler de façon plus générale. Je suis tout à fait consciente d'être dans une situation à part. Aujourd'hui, beaucoup estiment qu'une part de l'antisémitisme vient des milieux populaires musulmans. Or, mon bureau se trouve dans un quartier à forte présence musulmane. Lorsque je m'y promène, j'ai au contraire le sentiment d'une extraordinaire gentillesse à mon égard. Cette forme d'antisémitisme-là, populaire, je ne la sens pas personnellement autour de moi.

Quant aux attaques personnelles à connotation antisémite, je dois dire qu'elles ont plutôt diminué ces dernières années.

C'est peut-être parce que l'antisémitisme se manifeste ailleurs, sous d'autres formes. Sans doute mes ennemis n'osent-ils plus m'attaquer sous cet angle.

Heureusement, il y a aussi l'autre versant des choses. Aujourd'hui, les manuels scolaires parlent des débats autour de la loi sur l'IVG. Pour beaucoup de gens, tout cela fait partie de l'histoire ancienne. Il arrive que, à l'occasion d'une signature, je sois approchée par des familles. Les jeunes générations s'étonnent de me voir vivante. Pour elles, je suis une figure historique, une figure du passé… D'ailleurs, publier ses mémoires, répondre à des interviews sur sa propre vie, n'est-ce pas déjà exister à titre posthume ?

Sur ma liste des élections européennes de 1984, j'ai dû accepter la présence de Robert Hersant, alors patron du *Figaro*. Son engagement du côté de Vichy, ses articles antisémites sous l'Occupation étaient notoires. Cette candidature m'a mise très mal à l'aise. Il était difficile, m'avait-on expliqué, de refuser cette place au patron d'un groupe de presse aussi puissant. Au sujet de cette liste, je me suis dit : « Ou je l'accepte telle qu'elle est, ou je ne la conduis pas. » Mais si je la refusais, j'acceptais, en tant qu'ancienne déportée, d'être exclue du combat et cela me mettait en colère. Au nom de mon propre passé, j'aurais été privée d'une responsabilité politique.

De fait, pour ce qui est de la complaisance ou de l'amnésie volontaire vis-à-vis d'anciens collaborateurs du régime de Vichy, l'après-guerre m'a enlevé mes illusions. J'ai appris à regarder avec méfiance le parcours de certains, mais je sais à quel point les généralités sont dangereuses. Dans l'après-guerre, on a voulu créer des catégories politiques, parfois sociologiques. On a dit que les riches avaient fait tel choix, les milieux défavorisés tel autre choix. Or, tous les milieux ont produit des collaborateurs, des attentistes et des résistants.

Dès 1945, je suis devenue – et d'une certaine façon, je le suis restée –, je ne dirais pas cynique, mais absolument sans illusions. Aujourd'hui encore, on parle de la Shoah avec beaucoup de phrases, on exprime une grande tristesse. On sacrifie aux usages. Mais pour bien des gens, cela ne représente rien. Ils n'imaginent pas. Ne serait-ce que par les comparaisons historiques qui sont faites, on voit bien que les gens n'ont pas compris.

En 1971, j'ai été invitée à la projection privée d'un film dont le sujet m'intéressait beaucoup et sur lequel mon opinion était *a priori* favorable. C'était *Le Chagrin et la Pitié*, tourné par Marcel Ophuls sur un scénario d'André Harris et Alain de Sédouy, avec, pour sous-titre, *Chronique d'une ville française sous l'Occupation*.

Ce film est une succession d'interviews de témoins de la période de l'Occupation, dans la ville de Clermont-Ferrand et en Auvergne. Cela se présente comme un tableau de la France et de l'attitude des Français entre 1940 et 1945. Une partie particulièrement intéressante est consacrée au témoignage de Pierre Mendès France sur son procès en 1941 par un tribunal militaire à Clermont-Ferrand. Ce procès *ad hominem*, extrêmement dur, traduisait la volonté du régime de Vichy de détruire toute velléité de résistance. Mendès France a été jugé pour désertion alors précisément qu'il avait cherché à continuer le combat.

L'essentiel du *Chagrin et la Pitié* est consacré aux attitudes des Français. On y présente Clermont-Ferrand comme une ville très largement favorable à la Collaboration, avec des résistants quasi inexistants.

Cela m'a beaucoup étonnée.

Dès 1939, dès le début de la guerre, l'université de Strasbourg a été hébergée à Clermont-Ferrand. La ville a connu une manifestation d'étudiants dès le 11 novembre 1940.

Lorsque j'étais parlementaire à Strasbourg, j'ai pu voir, dans le hall de l'université, un immense panneau montrant combien de gens ont été fusillés, déportés – non pas seulement des Juifs mais des résistants –, et précisément à Clermont-Ferrand. Alors très vite, j'ai trouvé le film biaisé, tendancieux. Les Français sont pratiquement tous présentés comme des salauds et des lâches. Les gestes de solidarité sont rares vis-à-vis des persécutés. À part chez quelques socialistes et communistes, on ne trouve pas trace de résistance. Même pour les communistes, la façon dont leur résistance est présentée m'a beaucoup choquée.

En revanche, un ancien officier Waffen-SS qui sévissait dans la région est montré sous un jour presque sympathique. Il affiche ses convictions. Il parle avec bonne conscience. On voit un homme qui est allé jusqu'au bout, qui s'est engagé, qui a fait la guerre en Union soviétique et qui semble ne rien regretter.

Il apparaît comme un personnage sincère et cohérent, loin de la médiocrité française. Je suis sortie très affectée de la projection. Comme souvent, pour les documentaires construits sur une masse de témoignages, tout se joue au moment du montage. On prend ce qu'on veut, on ne garde que ce qu'on décide de montrer.
Très vite, j'ai su que des amis qui avaient résisté dans cette région avaient été scandalisés par le film. Ils avaient été sollicités et interviewés, mais leur témoignage n'avait pas été retenu.

    Un grand débat s'est alors ouvert en France.

    J'étais au conseil d'administration de l'ORTF.

    Je le dis franchement : quand on a débattu de l'opportunité d'acheter ce film, qui coûtait cher et pour lequel il n'y avait aucun engagement *a priori*, je m'y suis fermement opposée, compte tenu de l'image qu'il donnait des Français.

    On a alors parlé de censure.

Et puis le film est sorti en salles et a connu le succès que l'on sait. À part quelques réactions indignées, on a surtout entendu un concert de louanges. Les gens semblaient absolument euphoriques à l'idée que leurs parents aient tous été d'ignobles individus.

    Sans doute, jusqu'à ce début des années 1970, le cinéma avait-il exagéré le courage des Français sous l'Occupation.
Je pense à des films comme *La Bataille du rail*.
On s'était d'ailleurs contenté de magnifier le rôle de quelques résistants sans parler de ceux, nombreux, qui avaient sauvé des Juifs.
Mais dans les années 1970, on est passé à l'extrême inverse.
C'était même devenu un dogme, une vérité intouchable : les Français avaient été pires que leurs voisins, ils s'étaient vautrés dans la collaboration, dans la lâcheté et la trahison.

    Au-delà même de mon expérience personnelle, cela m'apparaît comme un tableau incomplet, volontairement biaisé. Quels que soient le milieu et l'origine sociale, il s'est trouvé des gens courageux.

    Je pense notamment aux Villeroy, cette famille d'aristocrates un peu excentriques qui m'avait hébergée à Nice sans avoir aucune raison de le faire et sans jamais rien accepter de mes parents, qui d'ailleurs n'auraient pas pu les dédommager.
Je n'avais pas de carte d'identité, pas de carte d'alimentation.

Ils m'ont prise comme si j'avais été leur fille. J'aurais eu honte pour eux que l'on diffuse *Le Chagrin et la Pitié* à la télévision. À l'époque, peu de gens ont eu le courage de dire que ce film donnait une image tendancieuse et fausse du comportement des Français.

Dans les années 1990, un retournement d'opinion s'est produit. On s'aperçoit, quand on veut bien regarder les chiffres, que c'est en France que la proportion d'enfants sauvés a été la plus importante. Et si ces enfants ont été sauvés, c'est parce qu'il y a eu des familles de tous les milieux sociaux, des plus modestes aux plus aisés, qui ont pris des risques.

Sur l'ensemble des Juifs vivant en France avant la guerre, vingt-cinq à trente pour cent ont été déportés alors que, dans plusieurs pays voisins, on atteint parfois une proportion de soixante-quinze à quatre-vingts pour cent.
Les Juifs néerlandais ont été éliminés à plus de quatre-vingts pour cent. En Grèce, il ne reste rien de la communauté juive de Salonique.

Aujourd'hui, je me réjouis de penser qu'on rend hommage aux Justes. Deux mille personnes environ ont reçu la médaille des Justes décernée par Israël après une très longue enquête. Mais il y a eu des milliers d'enfants qui ont été sauvés, et, très souvent, ceux qui les ont protégés n'ont rien demandé, ils ne se sont pas manifestés ou se sont bornés à dire que ce qu'ils avaient fait était normal. Ils se sont simplement révoltés contre une injustice insupportable.

Il y a eu de nombreux réseaux de sauvetages d'enfants : par exemple l'OSE ou les réseaux des couvents qui ont caché les enfants ou les ont fait partir en Suisse. Mais des gens très simples, isolés, ont souvent recueilli un enfant au moment où la police française ou la Gestapo arrivait chez eux. Ils ont simplement dit : « Ah non, cet enfant c'est le mien ! » Et ils ont gardé l'enfant à leur charge pendant des années. On parle souvent de la rafle du Vél' d'Hiv, de sa monstruosité. Les Allemands avaient pensé arrêter vingt-cinq mille personnes, ils n'ont pu en arrêter que treize mille.
Beaucoup avaient été prévenues, alertées, et même, sur le moment, sauvées par des Français.

Alors, on n'a pas le droit de réécrire l'Histoire.
Il est tout aussi inexact de dire que tous les Français ont été formidables que de prétendre qu'il n'y a pas eu de Français courageux. Il est difficile d'évoquer la période de l'Occupation en images, d'en restituer toutes les dimensions, d'essayer d'en faire revivre l'atmosphère sans parti pris.
Lacombe Lucien de Louis Malle m'a semblé inexact, avec des images peu vraisemblables. Quant à la restitution cinématographique de la Shoah, l'entreprise me paraît presque impossible.

Au fil des années 1970, la mémoire est revenue par fragments. Elle n'était pas toujours flatteuse, loin de là.
On a commencé à poser les bonnes questions, à s'interroger aussi sur l'amnésie de l'après-guerre. Pour cela, le travail des historiens a été déterminant.

En 1976, j'ai regardé une émission des « Dossiers de l'écran » sur Pétain avec Robert Paxton, l'auteur de *La France de Vichy*, et d'autres témoins ou historiens. Paxton s'étonnait que, au cours du procès de Pétain, il n'ait pas été question des Juifs. Un journaliste français participant à l'émission a justifié ce fait d'une façon que j'ai trouvée très curieuse.

J'étais alors au gouvernement.

J'ai écrit une longue lettre à ce journaliste pour lui expliquer comment j'avais moi-même vécu la situation dans l'immédiat après-guerre. Il ne m'a pas répondu.
Le silence au procès de Pétain reflétait le quotidien que nous traversions alors.

Le sort des Juifs était passé sous silence.

Au début de l'année 1979, on a parlé d'une série télévisée qui avait rencontré un grand succès aux États-Unis, encore davantage en Allemagne où elle avait provoqué un véritable choc. Cette série en quatre parties s'intitulait *Holocauste*. Il s'agit de l'histoire d'une famille allemande, bourgeoise et assimilée, qui, à partir de 1933, subit les persécutions, l'exclusion de la vie professionnelle et la discrimination. Cette famille se divise sur la question de quitter ou non l'Allemagne. La plupart de ses membres se sentent allemands avant tout, ils n'imaginent pas que leur vie soit en péril. Cela tourne mal. Certains meurent en déportation.

Après le succès de ce film aux États-Unis et en Allemagne, on a débattu en France sur l'opportunité de sa projection alors que les premières élections européennes étaient proches.

En 1979, Antenne 2 m'a demandé d'abord si je souhaitais en regarder la projection et, au cas où cette série serait diffusée, si j'accepterais de participer à un débat. Je suis allée à la projection et j'ai vu quatre épisodes un peu caricaturaux, mais intéressants et riches d'enseignements, ne serait-ce que pour comprendre ce qui s'était passé en France. Les deux premiers épisodes m'ont paru nettement meilleurs que les deux derniers.
À titre personnel, je me suis prononcée pour la diffusion télévisée. J'ai accepté de participer au débat.

La série fut programmée dans le cadre de l'émission « Les Dossiers de l'écran ». Un débat était prévu après la diffusion. Il y avait une représentante des Tziganes de France ainsi que Marie-Claude Vaillant-Couturier, membre du Parti communiste, figure héroïque de la Résistance et ancienne déportée à Auschwitz. Enfin, il y avait un certain nombre de jeunes gens d'environ quinze ou seize ans, qui venaient de se rendre à Auschwitz avec un jeune journaliste.

Très vite, le climat s'est dégradé. Pendant la projection, les jeunes ne regardaient pas le film, on les entendait rire et chuchoter, gênant parfois les autres spectateurs. J'ai trouvé cela très déplaisant. Et puis le débat est arrivé.

Interrogée sur la nécessité de cette diffusion, j'ai dit : « Nous pensions ne pas rentrer. Nous avons un devoir de fidélité. Il ne faut pas que les choses recommencent. » J'ai déploré l'optimisme excessif du film, qui montrait avant tout la solidarité des déportés.
J'ai rappelé à quel point la frontière qui séparait l'humain de l'animal était ténue et facile à franchir.

Marie-Claude Vaillant-Couturier, elle, souscrivait plus facilement à la vision d'un camp soudé et solidaire. À ses yeux, l'esprit d'entraide qui animait les déportés devait rester un exemple pour tous. Telles étaient les nuances qui nous séparaient.

Mais j'ai trouvé très décevante la réaction des jeunes. Leurs questions ne venaient pas.

Aucune curiosité ne semblait les animer.

Dans les années 1970, en Europe, en France, nous avons dû combattre âprement pour les droits des femmes.

Parfois, je me demande si les jeunes d'aujourd'hui ont conscience de ces luttes. Le danger, pour les nouvelles générations, c'est de croire que ce combat est définitivement gagné.

Aujourd'hui, beaucoup de femmes de trente ans sont déçues. Elles pensaient que tout serait plus facile. Or, il reste beaucoup de discriminations à l'embauche. Dans certaines professions considérées comme traditionnellement masculines, les femmes subissent toujours un handicap. On a la tentation de les payer moins.

Quand il n'y a de possibilité de promotion que pour une seule personne, c'est souvent un homme que l'on favorise. Il reste encore de nombreuses difficultés. Les filles nées dans les années 1970 et 1980 pensaient que c'était gagné. Effectivement, des lois contre la discrimination ont été votées. Théoriquement, l'égalité est totale. Dans les faits, on en est très loin.

Longtemps, les femmes ont été considérées comme une variable d'ajustement.

Dans les années 1960, au milieu des Trente Glorieuses, on cherchait à ce que la population travaille davantage. À l'époque, la plupart des femmes restaient au foyer.

Le pourcentage de femmes au travail n'était important que dans les milieux les plus défavorisés, car elles occupaient alors les postes les moins qualifiés et leur apport salarial était souvent vital.
Cependant, au début des années 1960, un grand nombre de femmes ne travaillaient pas. C'était une réserve de main-d'œuvre qu'il fallait utiliser. Dans le même esprit, en fonction des mêmes besoins, on suscitait à l'époque un important flux d'immigrants.
On les affectait aux tâches les plus lourdes et les plus pénibles. Il fallait alimenter l'économie en bras et en cerveaux.

On a donc, à la fin des années 1960, mis en place un « comité pour le travail féminin », chargé d'inciter au travail les femmes qui avaient une formation.

On y discutait beaucoup pour savoir s'il fallait favoriser ou non le temps partiel. À l'époque, donc, on cherchait à augmenter la masse de main-d'œuvre et à l'adapter aux besoins de l'économie.

On raisonnait avec les femmes à peu près comme avec les immigrés.

C'était une variable d'ajustement, plus ou moins sollicitée en fonction des besoins. Cet apport massif des femmes au monde du travail a joué un rôle clé dans la croissance des années 1960 et au début des années 1970.

Lorsque les premières années de crise sont arrivées, à partir de 1973, les femmes ont été les premières à perdre leur travail. On en a renvoyé un bon nombre dans leurs foyers. La variable jouait, mais dans l'autre sens.

La seule chose qui m'intéresse, c'est l'évolution à long terme. Il me semble que, depuis plusieurs générations, ce sont les mères qui incitent les filles à se battre pour leur indépendance.

J'ai rencontré beaucoup de femmes, dans différents pays, occupant des fonctions importantes, aussi bien en politique que dans le monde économique. Lorsque je leur demandais : « D'où vient votre envie de vous battre ? », elles me répondaient le plus souvent : « De ma mère. »

La plupart étaient issues des classes moyennes où les mères ne travaillaient pas. À la génération de nos mères, le discours adressé aux filles a effectivement changé.

Nos mères nous ont incitées à faire des études, elles nous ont dit : « Ne faites pas comme nous. »

C'est d'elles que nous tenons ce courage et ce sens du combat.

Simone et Denise

Grâce à des amies scoutes, Denise Jacob a rejoint la Résistance dans la région lyonnaise, à dix-neuf ans. Arrêtée à un barrage allemand, alors qu'elle transportait des émetteurs radio pour le maquis des Glières, elle a été interrogée et torturée, mais elle n'a pas parlé. Elle a été déportée à Ravensbrück sous une fausse identité, dans le convoi dit « des 46 000 », puis au camp de Mauthausen, libéré en avril 1945.

Denise et Simone se voyaient souvent le dimanche matin en tête à tête, mais elles ne parlaient jamais de leur déportation.
Lorsque j'ai proposé à Simone d'enregistrer un dialogue avec sa sœur, elle a hésité. Elle m'a confié combien l'échange sur cette période était difficile. Déportés juifs et déportés résistants n'avaient pas la même histoire. « Nous avons vécu et ressenti les choses très différemment. »
Ma proposition n'a pas été acceptée facilement, j'ai dû la convaincre. Je voulais recueillir le récit de leur vie interrompue par la déportation. Je lui ai promis de ne pas aborder le retour des camps.
Je rencontre Denise une première fois, chez elle, à deux pas du Luxembourg. Je la trouve belle et grande. Elle accepte ma proposition avec élégance. Je suis impressionné par sa retenue, et troublé par la beauté de son appartement. Simone me l'avait pourtant décrit en quelques mots que je n'avais pas pris au sérieux. Pour la première fois, je sentais que Simone éprouvait de l'anxiété à l'idée de cet échange filmé.
J'ai sélectionné des photos qui retraçaient leur enfance à Nice, leur vie d'avant, la vie des Jacob, une famille française juive assimilée. Simone Veil a été séduite par l'idée de parler avec sa sœur de ces souvenirs de jeunesse, avec les photos de famille sous les yeux.

Pour Simone,
Denise restait sa grande sœur.

David Teboul

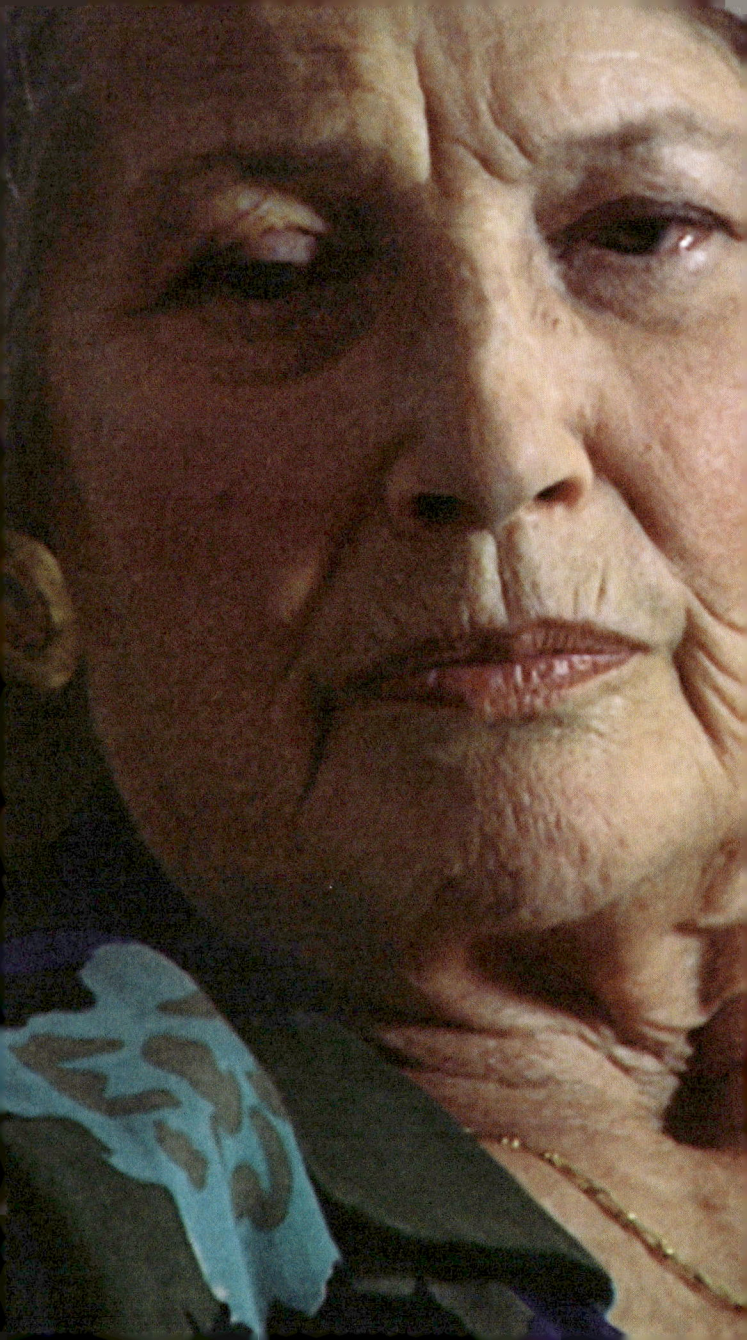

Denise C'est une photo de mes parents jeunes mariés. Je ne l'avais jamais vue en si grand format. Milou ressemblait à Papa. Maintenant, Milou est partie, c'est dommage. Lors de mon arrestation, j'avais cette photo sur moi, en tout petit format. Les Allemands ont cru que c'était une photo de moi. J'avais vingt ans. Ils n'ont pas vu que Papa avait une allure démodée. Ils m'ont interrogée sur mon « amant » qui était donc mon père. Ils n'ont pas insisté. J'ai pu garder la photo. Je l'ai emportée avec moi en déportation.

J'avais été arrêtée avec un parachutage qui contenait, entre autres, des lunettes avec des verres neutres en provenance de Grande-Bretagne, pour servir de camouflage à l'un des hommes parachutés. Les Allemands ont cru qu'il s'agissait de mes lunettes, ils me les ont rendues dans leur étui. J'ai donc transporté et rapporté cette photo pliée en deux dans l'étui.

Bien plus tard, je l'ai fait reproduire et agrandir, je l'ai mise sous verre.

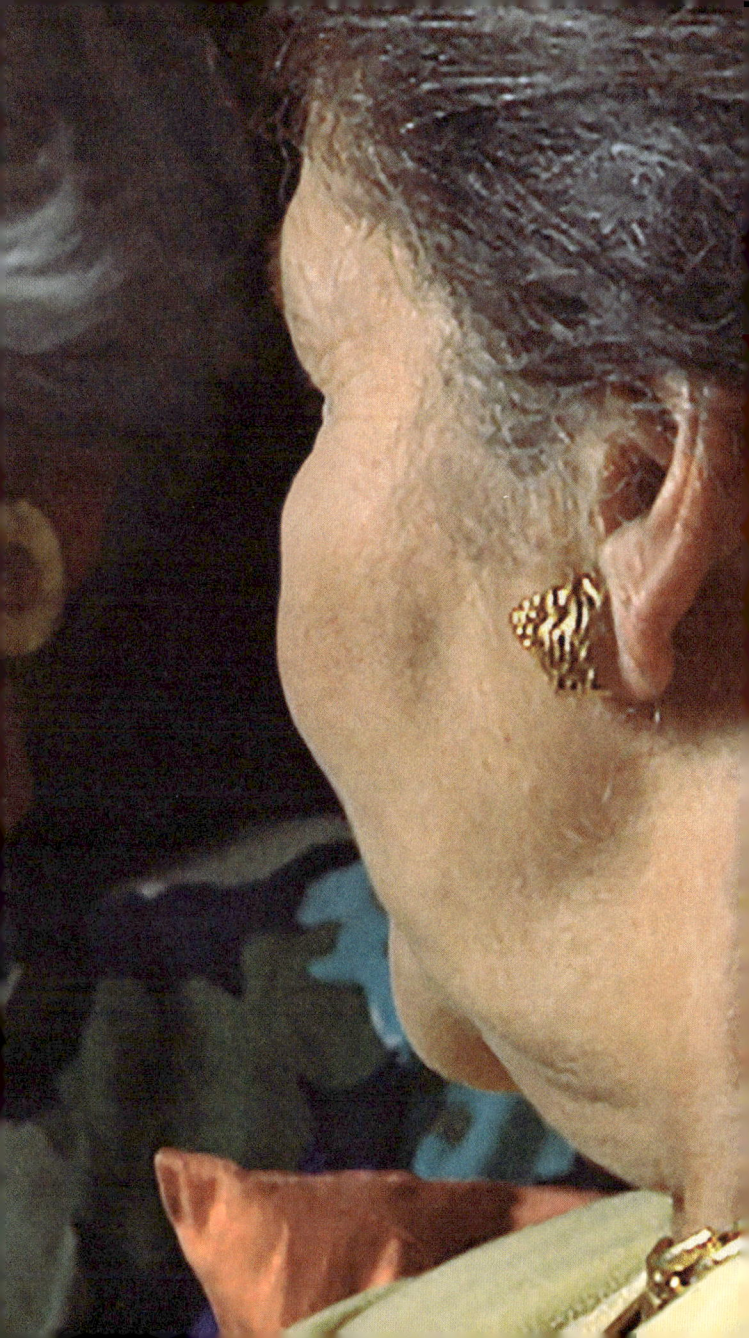

Simone   C'est une très jolie photo de Milou. Maman a l'air triste, là aussi.

Denise   Papa. Il a fière allure…

Simone   Il a une moustache formidable.

Denise   Dans sa boîte de prisonnier, j'ai retrouvé l'insigne de son régiment d'aérostation.

Simone   Il est resté quatre ans prisonnier. Jusqu'à la Seconde Guerre, il a conservé des relations avec ses camarades de captivité.
    Il en avait gardé un mépris souverain pour les Allemands.

Simone   Ce doit être une photo de 1914. On le reconnaît mal. Il a un visage assez rond, qu'il a perdu ensuite.
    Il paraît qu'à l'époque des Beaux-Arts il vivait dans un milieu d'artistes et qu'il était plein de fantaisie.
    Puis il a été fait prisonnier en 1914. Sa captivité a duré quatre ans. Elle l'a rendu beaucoup plus pessimiste, plus austère.

Denise   C'était avant d'être prisonnier de guerre.
    Ensuite, il y a beaucoup de photos de l'époque de la captivité.

Simone   Ce devait être à Biot, ou dans les parages.
On voit des fleurs, des anémones.

Denise   Cette photo est très cinématographique. Elle ressemble à une photo de Jacques-Henri Lartigue.

Simone   Elle est aussi très datée. Elle appartient à une époque.

Denise   Papa portait souvent une cravate, mais là, il n'est pas en tenue de pique-nique. Qui a pu prendre la photo ?

Simone   Les Lippmann peut-être.

Denise   Papa allait souvent à Biot pour travailler. Nous avions dû l'accompagner.

Simone   Ça, c'est l'époque des nattes.

Denise   Toutes les trois, on avait laissé pousser nos cheveux à ce moment-là, je ne sais pas pourquoi. C'est Maman qui nous faisait nos nattes tous les matins.

Simone   Je n'aimais pas ça du tout.
Je ne sais pas pourquoi nous avions des nattes.
Tous les amis à Nice nous appelaient « les filles à nattes ».

Denise   Milou, ses belles anglaises sont devenues des nattes…
Cette photo est prise sur la Promenade des Anglais. Je crois qu'il n'y a plus cette belle barricade. Je trouve que Maman a un joli chapeau.

< •

Simone   Je suis déguisée en Joséphine Baker.

Denise   C'était un bal déguisé. Tu as été empoisonnée.
Pour te déguiser en Joséphine Baker, on t'avait enduit la peau avec un produit.

    Ta peau ne respirait plus. Tes pores se sont bouchés, ta peau s'est asphyxiée.

Simone   Je ne me souviens pas d'avoir été malade.

Denise   Nous avons eu la scarlatine et la coqueluche.

    Milou a eu une néphrite. Sinon, à part les maladies enfantines, nous n'avons rien eu.

    Nous avions envie d'être malades.

Simone   Nous trouvions que nous ne l'étions pas assez à la maison.

    Toutes nos camarades avaient au moins quelque chose une fois par an, nous rien !

•

Denise   Notre frère Jean s'est pris lui-même dans un miroir, avec son Rolleiflex. Il lui arrivait de préparer l'appareil et de courir pour se placer devant. Toutes ces photos sont revenues grâce à ma tante Weismann. Nous possédons les négatifs.

David   Jean voulait devenir photographe ?

Simone   Photographe de cinéma.

    Il a travaillé pendant la guerre pour la Victorine et d'autres studios niçois. En 1943, c'était pour Natkin, le photographe de cinéma.

    Il adorait prendre des photos de paysages.
Une branche sous la neige, du feu. Il était éclaireur, il campait, et prenait beaucoup de photos en pleine nature.

    Jean a l'air triste.

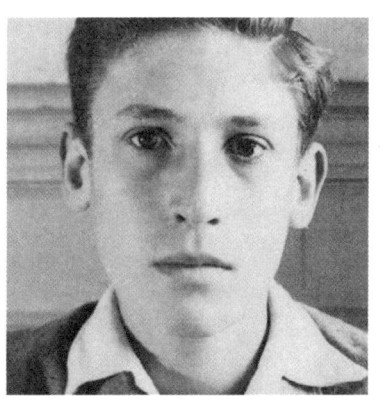

Denise   La plage de galets, à Nice.

Simone   Milou est à gauche, avec les cheveux longs et des boucles naturelles superbes. Et cette chose en train de bouder, c'est moi. Sur la plupart des photos de cette époque, c'est comme ça. On voit aussi Jean, très blond à l'époque. Et toi aussi.

Denise   Nous avions souvent les mêmes robes.

Simone   C'était un cauchemar pour moi.
         Une année, les Lippmann, les amis de Papa et Maman, voulant nous faire plaisir, nous avaient donné à chacune des robes et un manteau. À mesure que vous grandissiez, Milou et toi, vos vêtements me revenaient. J'ai porté plusieurs manteaux rouges identiques pendant des années.

Simone   Le jardin Alsace-Lorraine était le grand jardin le plus proche de la maison.
         On se retrouvait souvent avec Maman qui porte un chapeau, ce qui était peu fréquent chez elle.

Denise   Tiens, c'est toi Simone qui boude.

Simone   Je boude encore.
         Probablement parce que Jean était sur les genoux de Maman et pas moi.

Simone   Moi, sur les genoux de Maman.
         C'était mon emplacement préféré.
         On voit bien la Promenade des Anglais. À l'époque, ces plages n'étaient pas du tout équipées.
         Il devait y avoir quelques transats. Il y avait tout de même quelques cabines. C'est dans la partie centrale de la Promenade pas très loin du jardin Albert-Ier.
         C'est maintenant très aménagé.
         C'est sans doute aujourd'hui des plages privées.

Denise — Je me souviens tellement bien du pull de Maman.

Simone — Elle est très jolie, cette photo. Je vois même où c'est, d'ailleurs… C'est au jardin Alsace-Lorraine.

Il y avait la fontaine Wallace où Maman nous interdisait de boire avec la timbale parce que tout le monde y buvait.

Je me souviens très bien de ce chandail. Elle l'aimait beaucoup. On la voit souvent avec ce chandail sur d'autres photos, au ski. Elle le portait souvent.

Dans mon souvenir, c'était un grand jardin, avec un immense magnolia toujours très fleuri. Quand j'y suis retournée, tout m'a semblé plus petit.

Denise — Nous sommes tous les quatre.

Simone — Milou est belle.
C'est à La Ciotat. Nous avions de drôles de maillots.

Denise — Maman nous tricotait des maillots…
Ça n'était pas le rêve, ils pendaient.

Simone — Moi j'ai le souvenir d'un maillot à bretelles que j'aimais beaucoup. Mais sur cette photo, ce sont des maillots en tissu, pas des maillots tricotés.

Même pour les enfants, on était très pudibonds.

Simone — Nous sommes avec notre cousine et notre cousin avec lesquels on passait beaucoup de vacances à La Ciotat. Les enfants de la sœur de Maman. Notre cousin Poucet, tué à Karlsruhe, juste avant la fin de la guerre. Notre cousine a beaucoup vécu à Nice chez nous.

On l'a retrouvée au retour des camps, elle était mariée avec un ami de son père. Elle attendait un bébé. Elle habitait dans la même maison que nous. Ils étaient jeunes mariés.

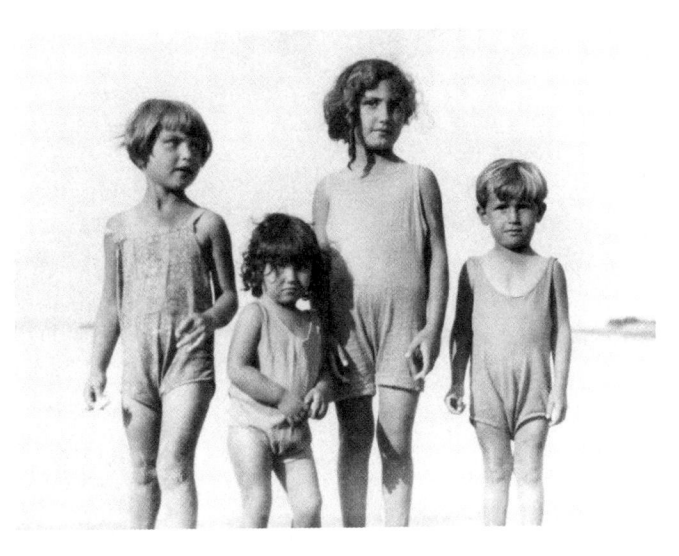

Denise   C'est Papa.

Simone   Juste avant la guerre. Est-ce qu'il avait toujours des nœuds papillons ? Comme ces binocles sans monture…
    Aujourd'hui, c'est revenu à la mode. Je trouve que Papa a un physique très moderne pour l'époque.

Denise   Papa était-il myope ?
    On ne s'est jamais posé la question.

Simone   Je me demande si ce n'est pas simplement une photo d'identité, prise par un photographe.

Simone   Une maison que Papa a construite à La Ciotat.
    Le groupe immobilier pour lequel il travaillait comme architecte avait acheté des terrains pensant que La Ciotat, proche de Marseille, se développerait rapidement. Or, à cause de la crise de 1929, cela ne s'est pas développé comme prévu. La construction sur la Côte d'Azur en a beaucoup souffert.
    Ce qui est amusant, c'est qu'à l'époque ces promoteurs immobiliers avaient acheté des terrains à Saint-Tropez, mais qu'ils pensaient que Saint-Tropez ne prendrait pas. Ils trouvaient que l'endroit était mal desservi et loin de tout.

Simone   C'est Maman.
    Elle est souvent triste sur les photos. Cette photo donne le sentiment d'être très posée. Maman a l'air très maquillée, or elle ne se maquillait jamais.
    Je lui ressemble dans l'enfance, ensuite plus du tout.
    Toi, Denise, tu lui ressembles jeune fille et même ensuite.
    Quant à Milou, ça dépend des photos.

— •

Simone   C'est une photo d'identité, pendant la guerre.
Je ne sais pas en 41, 42. Parce qu'en 43, je n'avais plus de nattes donc ça doit être en 42, 41.

Denise   Tu n'avais plus de nattes ?

Simone   Non, sur les photos de moi en 43 mes cheveux ont été coupés.

Denise   Moi je suis revenue avec mes cheveux longs.

— •

Denise   C'est une photo de photographe. La photographe est venue et a pris Simone pour modèle pour notre journal d'éclaireuses.

Simone   Dans notre groupe d'éclaireuses, les filles venaient de tous les milieux.
Il y avait une protestante, une israélite, des « neutres ».
Nous, les filles Jacob, nous étions « neutres ».
Cela ne nous empêchait pas de nous faire la morale. Nous avons fait notre « promesse » scoute avec le plus grand sérieux.

Denise   Ce petit monde a été complètement bousculé par la guerre. Mais il y a joué un rôle. Regardez les éclaireurs israélites, le rôle qu'ils ont joué dans la Résistance. Tout comme les scouts catholiques.
Nous étions sans doute mieux préparés à la vie clandestine. Nous étions plus adaptés à la vie en marge.
J'ai retrouvé une amie dans la Résistance à Lyon. Elle était adepte, en tant que cheftaine de « routiers », de ce qu'on appelait des « jeux de nuit ». C'était la cheftaine de louveteaux de mon petit frère Jean. Elle m'a toujours dit que cela l'avait aidée pour la vie clandestine et le combat.

Denise   C'est Figuerolles.
La dernière année où nous avons été à La Ciotat, en 1942.

Simone   C'est moi, avec mes nattes, juste quelque temps avant la déportation.

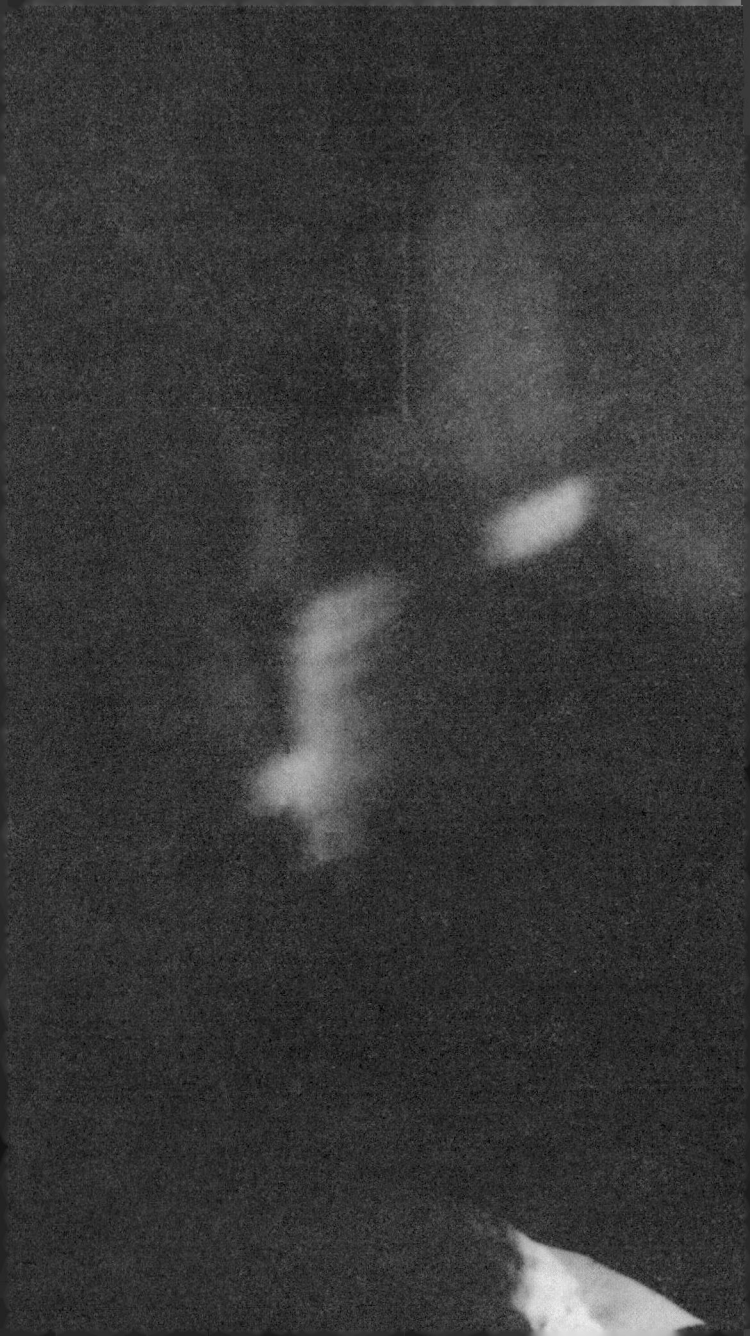

Simone — Maman
à l'hôpital juste avant la déportation.

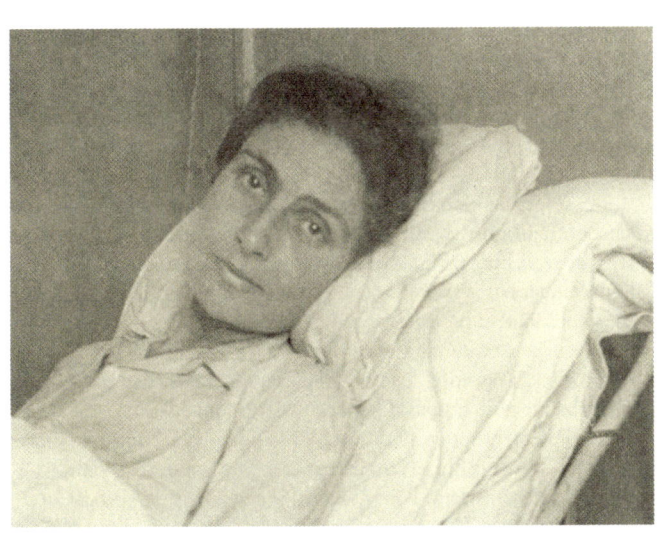

Denise   Munich a été le premier choc, suivi de la déclaration de guerre et de l'effondrement de 1940. Mais en ce qui concerne les menaces pesant sur les Juifs, nous n'imaginions pas ce qui allait se passer. Nous avions vu arriver des réfugiés juifs allemands et surtout autrichiens. La maison leur était ouverte, alors que nous ne disposions pas de beaucoup de moyens. Nous savions ce qui se passait en Allemagne, mais sans nous représenter vraiment cette nouvelle réalité, ni la comprendre. Je pense que Simone avait plus de pressentiments que le reste de la famille. Lorsque nous avons dû faire tamponner le mot *Juif* sur notre carte d'identité, Simone s'y est opposée dès le début. Finalement, nous sommes tous allés au commissariat. Nos cartes d'alimentation portaient également le mot *Juif* tamponné.

Nous sentions le danger, mais ce geste s'inscrivait dans notre histoire. Nous voulions affirmer ce que nous étions, sans en avoir honte. Peut-être croyions-nous aussi aux lois de la République. Nous savions que les Juifs étrangers qui se réfugiaient chez nous étaient persécutés, arrêtés, mais nous n'imaginions pas ce qui se passait dans les camps. Nous n'imaginions pas Auschwitz. Nous nous disions : « Pourvu que nous restions ensemble, le reste n'a pas d'importance », ce qui était particulièrement sot et innocent. Nous étions avant tout solidaires des Juifs étrangers qui se faisaient arrêter. Sur le moment, on n'est pas toujours conscient. Pour ma part, je suis partie de Nice avant les grandes rafles. Je n'ai pas été obligée de me cacher. Je n'ai pas eu la même histoire que les autres membres de ma famille.

Denise J'ai rejoint la résistance après un camp d'éclaireuses, en juillet 1943. Les rafles ont commencé alors que ma sœur aînée, Milou, et moi étions cheftaines dans un camp des Alpes-de-Haute-Provence. Papa nous a prévenues. Il nous a demandé de ne pas rentrer et de nous cacher. Ma sœur Milou a décidé de rentrer. Elle avait un travail qui aidait la famille à vivre. Moi, j'ai décidé de ne pas rentrer. Je me suis engagée dans la Résistance, mes parents l'ont su et ils ont approuvé ma décision. Après, j'ai mené une vie clandestine.

J'avais peur qu'on me dise : tu t'engages parce que tu es juive. Juste avant mon arrestation, un camarade de Résistance a lâché : « Ces Juifs sont partout, ici comme à Londres », puis il a ajouté : « Et ils ne pensent qu'à se cacher. » Là, j'ai rétorqué : « Il faudrait savoir ce qu'on leur reproche, de se mettre en vedette ou de se cacher ? »
Ce camarade, je le revois encore aujourd'hui. Je n'ai jamais voulu lui rappeler cet échange.

Denise J'ai été arrêtée le 18 juin 1944. J'ai été arrêtée à un barrage de la *Feldgendarmerie* sur la route entre Bourgoin et La Tour-du-Pin. J'étais en taxi. Je roulais vers le maquis des Glières avec du matériel parachuté par les Britanniques. Le chauffeur ne savait pas ce que je transportais.

En ouvrant mes bagages, les Allemands ont vu des postes émetteurs, huit accumulateurs pour les faire fonctionner et une pilule de cyanure. Ils m'ont emmenée à la Gestapo de Lyon, à Montluc.

J'ai passé l'anniversaire de mes vingt ans en prison. J'ai quitté la France pour la déportation le 14 juillet 1944. J'ai donc su que le débarquement de Normandie avait eu lieu.

Denise Je me souviens très bien de cette photo prise à Nice, avec la robe que j'avais dans mes affaires lors de mon arrestation. Elle venait de ma cousine Claude.

Elle était brodée de petits châteaux. Nous divaguions autour de ces petits châteaux dans ma cellule.

Simone   Je ne sais pas si ce n'est pas une photo d'identité faite par le père d'Eva Freud, qui était la petite-fille de Sigmund Freud. Ils étaient exilés. Nous avions besoin de photos, il avait besoin de travailler.
Ils habitaient derrière la gare. Mes dernières photos d'identité, c'est Oliver Freud qui les a faites.

Denise   Elle est terrible cette photo.

Simone   À mon avis, elle a été prise pendant la guerre. Mais je ne portais pas de boucles d'oreilles à ce moment-là. Alors, je ne sais pas.

Avant ma déportation, Maman nous lavait les cheveux à la maison. Nous ne faisions pas de mise en plis, rien.

La première fois que je suis allée chez le coiffeur, c'était peu de temps après mon retour de déportation. C'était une boutique à l'angle de la rue Récamier. On m'a mise sous un casque mal réglé et j'ai eu les oreilles brûlées. Comme je n'avais jamais été chez le coiffeur, je pensais que c'était normal que la température sous le casque soit beaucoup trop chaude. Je n'ai rien osé dire. Lorsque la coiffeuse m'a enlevé le casque, elle m'a dit :
« Pourquoi ne vous êtes-vous pas plainte ? »

Je n'ai pas voulu lui raconter mon histoire.

Simone Milou et moi sommes arrivées à Paris le 23 mai 1945. À Auschwitz, nous avions su que le débarquement en Normandie avait eu lieu. Nous savions que Denise était à Lyon. Alors nous avons espéré qu'elle, au moins, survivrait. Nous ne voulions pas imaginer autre chose. Nous espérions la revoir.

Nous avions quitté Bergen-Belsen le 19 mai. Maman était morte plusieurs semaines auparavant. Milou était très malade. Nous avons fait le voyage vers la France entassées dans des camions, souvent debout. Milou, en raison de son état de santé, était souvent placée à côté du chauffeur. Les routes étaient en très mauvais état. Nous avons dormi dans un « centre de tri » de déportés et de réfugiés à la frontière des Pays-Bas. Milou était si mal en point qu'elle a été transportée jusqu'à la gare ferroviaire en ambulance.

Je me revois marchant sur une allée piétonne assez large vers la gare, pour prendre ce train. J'étais très inquiète. Des bruits couraient sur les exterminations générales dans tel ou tel camp. Nous avons retrouvé des camarades près de la gare. Nous avons parlé avec elles, échangé des informations. Une ancienne déportée d'Auschwitz m'a dit : « J'ai vu ta sœur Denise à Ravensbrück. » Je l'ai regardée, interloquée. Elle a bafouillé qu'elle s'était trompée. Je ne savais rien. Elle n'a plus ajouté un mot. Tout s'effondrait.

J'ai aussitôt imaginé le pire.

Milou ne comprenait pas mon angoisse. Vingt-quatre heures plus tard, nous étions au Lutetia où les registres des nouveaux arrivants étaient à jour. Le nom de Denise y figurait. Nous savions qu'elle était revenue.

Quelques jours plus tard, nous l'avons retrouvée.

Denise   C'est moi qui suis rentrée la première.

Je savais que Milou, Maman et Simone avaient été déportées à Auschwitz. Au printemps 1945, j'étais à Ravensbrück, déportée sous un faux nom. Les convois d'évacuation sont arrivés d'Auschwitz à Ravensbrück. Les évacués étaient dans un état épouvantable.
J'ai posé quelques questions à une femme qui parlait français. Je lui ai dit : « J'ai des amis de Nice qui ont été déportés à Auschwitz, est-ce que cela vous dit quelque chose ? »
C'était une bouteille à la mer.
Il y avait des dizaines de milliers de déportés et ma question n'avait aucune chance d'aboutir. Et pourtant la femme m'a répondu :
« J'ai connu les sœurs Jacob et leur mère, elles sont parties dans un kommando où la vie était moins dure, elles ont eu cette chance grâce à Simone Jacob, qui est si belle. » J'ai passé la nuit à m'interroger : fallait-il lui demander plus de détails ?

Le lendemain, je l'ai revue et j'ai avoué : « Je suis leur sœur. » Je prenais un risque en le disant. Elle m'a dit : « Vous avez un tel air de famille ! » Cette rencontre était un hasard extraordinaire.
Je me revois dans les allées de Ravensbrück. C'était la seule personne à qui j'avais posé des questions. Et on ne me connaissait pas sous mon vrai nom, mais je l'avais quand même dit à quelques personnes pour que l'on sache où j'étais au cas où je ne rentrerais pas.

Simone   Milou et moi nous avons revu Denise quatre ou cinq jours après notre retour à Paris.

Nous ne sommes pas restées au Lutetia.

Ma tante est venue et nous a aussitôt emmenées. Mon oncle était médecin. Milou était très malade. Plus tard, ma tante m'a dit qu'ils avaient hésité à l'hospitaliser, mais ils n'avaient pas voulu nous séparer toutes les deux.

Simone et Marceline

Marceline Loridan-Ivens est née à Épinal, dans les Vosges, le 19 mars 1928.

Elle est arrêtée à l'âge de seize ans ans lors d'une rafle à Bollène, dans le Vaucluse, dans le petit château que son père avait acquis avant-guerre. Le 29 février 1944, elle est emprisonnée à Avignon et à Marseille avant d'être envoyée par train au camp de Drancy le 1er avril 1944.

Le 13 avril 1944, elle est déportée à Auschwitz-Birkenau par le convoi n° 71, le même convoi que Simone Veil.

Elle y passera sept mois.

En novembre 1944, elle est transférée au camp de Bergen-Belsen où elle retrouve Simone, puis en février 1945 au kommando de Raguhn. Elle rejoint en avril 1945 le camp-ghetto de Terezin, où elle est libérée.

Elle arrive gare de l'Est à Paris pour être conduite à l'hôtel Lutetia.

Ne sachant pas où loger à Paris, elle regagne la petite ville de Bollène pour retrouver sa famille.

— Allô ?
Je suis cinéaste, je réalise un film avec Simone Veil sur sa déportation et sa vie.

— Articulez et parlez plus fort. Je n'entends rien, je ne vous comprends pas.
Qu'est-ce que je peux faire pour vous ?

— Simone Veil m'a autorisé à vous rencontrer.

— Ah oui, c'est vrai ça ? Pour vous raconter quoi ?

— Me parler de la vie au camp.

— Dites-lui qu'elle m'appelle.
Je ne parle pas de ma copine sans qu'elle m'y autorise. Vous savez, je ne vous raconterai que ce que j'ai bien envie de vous raconter. Y a des choses qui n'appartiennent qu'à nous. On a, Simone et moi, nos secrets. Ça, c'est précieux.
Sinon, pas de problème.
Je vous recevrai avec une bouteille de chablis ou de la vodka, vous choisirez.
Si vous êtes gentil,
vous pourrez boire les deux.

Simone Veil m'avait prévenu. Je ne connaissais pas Marceline
Loridan-Ivens. Je connaissais son travail aux côtés du cinéaste
Joris Ivens. Militante pour la cause algérienne dans les années
1960, maoïste et pro-chinoise dans les années 1970, réservée
sur le mouvement gauchiste français de mai 1968, et enfin
petite rouquine que j'avais aperçue dans le film de Jean Rouch
et d'Edgar Morin, *Chronique d'un été*, où elle demandait aux
passants dans la rue s'ils étaient heureux. Leur relation me
semblait impossible avant d'avoir rencontré Simone Veil.
J'avais découvert chez Simone Veil un goût de la transgression,
une exigence de liberté et une tolérance qui me permettaient de
mieux comprendre cette amitié née au camp et qui avait survécu
au camp. Simone m'avait dit en souriant : « Vous verrez, c'est pas
mal chez Marceline, c'est différent de chez moi.
Il y a des poupées de Mao partout. Vous risquez de bien vous
amuser. Vous me raconterez, promis ? Elle va vous dire que je
suis bourgeoise et trop française, mais vous lui direz que ce n'est
pas vrai. »
Simone adorait Marceline.

Ce n'était pas complètement vrai. Il y avait peu de
représentations de Mao chez Marceline mais des livres, beaucoup
de livres sur la déportation, la vie dans les camps, l'histoire
d'Israël, des livres d'art, beaucoup sur l'Italie et la Chine d'hier,
Georges Perec et Marguerite Duras qu'elle avait bien connus et
le fantôme de Joris Ivens, présent.
L'intérieur de l'appartement était raffiné, classique et bohème.
Il y avait des fleurs partout, Marceline aimait les fleurs et savait
les défendre. Nous avons beaucoup bu, ri, et fumé aussi.
Je l'ai quittée à trois heures du matin. Nous étions ivres. Je n'aurais
jamais imaginé que Simone m'entraînerait à tant d'ivresse et
d'herbes exquises. Marceline respirait la vie et l'intelligence.

En lui parlant, en l'écoutant, j'essaie d'en savoir plus sur Simone
au camp. Elle me parle de Simone comme d'une Française et
me dit dans le même instant : « Tu sais, Simone, n'oublie jamais
ça, c'est une fille de Birkenau. » Marceline se considère comme
une étrangère, une Juive polonaise dont le père voulait à tout
prix être plus français que français. Elle me raconte l'histoire

du château de Gourdon acheté en pleine guerre à Bollène, dans le sud de la France ; de son père mort à Auschwitz, de Milou, la sœur aînée de Simone, et de sa mère, Yvonne. Simone et Marceline partageaient une complicité qui avait l'âge de leur trauma. Elles avaient presque le même âge au camp, un peu plus de seize ans pour Marceline et presque dix-sept ans pour Simone. Quand elles étaient ensemble, elles redevenaient les gamines de Birkenau.
À deux heures du matin, complètement stone et bourré, je propose à Marceline de les filmer toutes les deux sur le lit de Simone.
Le lit était un vrai refuge pour Simone, un « radeau », disait-elle. Ça lui rappelait, enfant, les heures passées avec Yvonne, sa mère. J'avais l'habitude de retrouver Simone Veil dans sa chambre qui était son vrai bureau, place Vauban. Sur son lit, des dossiers s'entassaient, des livres aussi. C'est là où nous parlions souvent. Marceline rit, me demande comment je sais ça : « D'accord, mais c'est à toi de faire accepter la proposition à Simone. Tu sais, elle risque de te dire non. Le lit, c'est vraiment son truc. Si ma copine t'a fait entrer dans sa chambre, alors je te dis "oui" pour ton film. »

Simone s'était trompée, Marceline ne m'a jamais dit qu'elle était bourgeoise et trop française.
Quelques semaines après, j'organise cette rencontre. Je dévalise le meilleur Delicatessen de la rue des Rosiers : vodka, harengs gras, pain noir, foie haché, œufs de saumon, pastrami, strudel et gâteau au fromage. Marceline m'avait dit : « Simone adore cette cuisine qu'elle a peu l'occasion de manger. »
Elles sont toutes les deux sur le lit, je me retire. Je les regarde. Je les écoute. Leur échange n'a pas besoin de mes questions. Simone se grille une blonde pendant que Marceline se roule un joint. Timide et craignant de décevoir Simone, je renonce à partager quelques taffes. Comme une gamine, Marceline en propose à Simone.
Elle fait semblant de s'étonner qu'à son âge Marceline en fume encore. « Je n'ai jamais aimé ça. » Comme une adolescente, Marceline lui répond : « Tu sais, c'est moins toxique que les saloperies que tu fumes. » Elles rient comme deux gamines.

Le téléphone sonne, Antoine, l'époux de Simone, prévient qu'il sera de retour dans une demi-heure.
Simone nous ordonne d'ouvrir les fenêtres. Elles rient ensemble.
Simone dit à Marceline « Au revoir, ma chérie ».

Dans l'ascenseur, Marceline me demande si on n'a pas fait trop de conneries.
Il est presque une heure du matin.
Je comprends ce que cela veut dire d'être une fille de Birkenau.

David Teboul

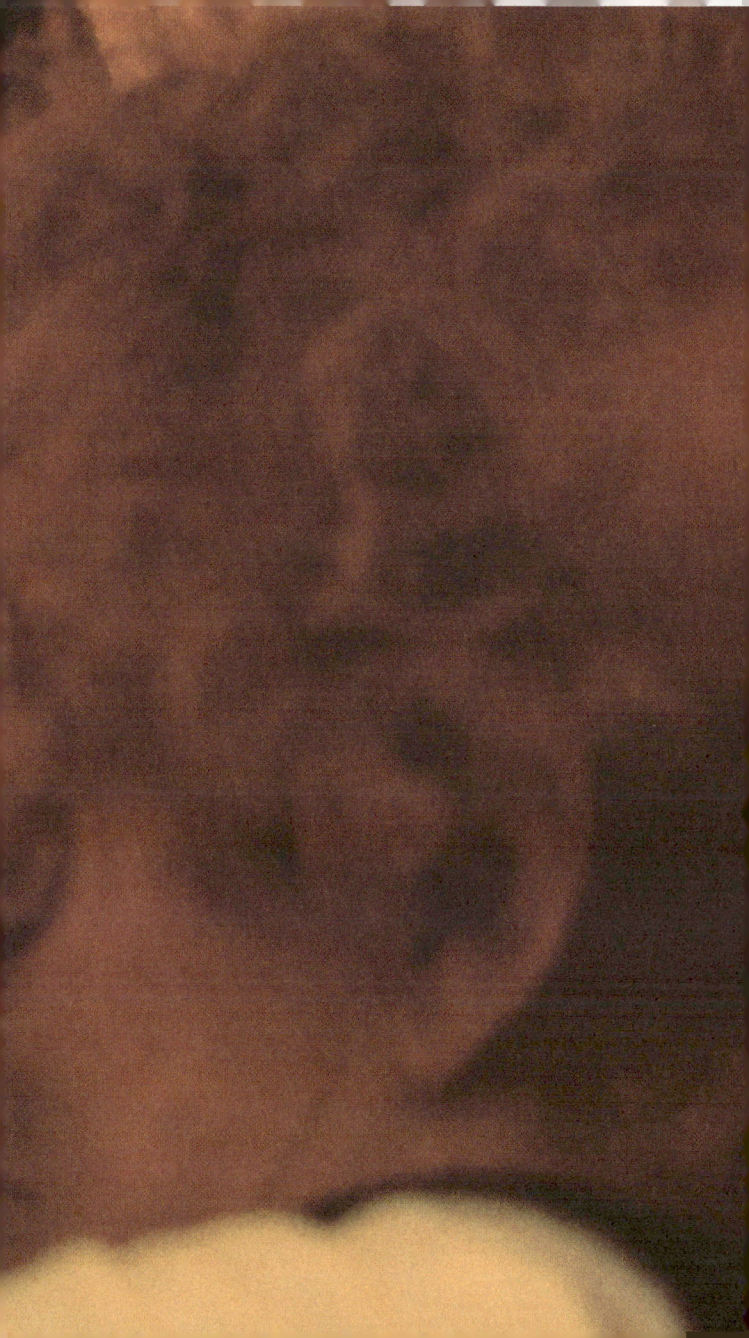

David   Dans le convoi pour Auschwitz-Birkenau, étiez-vous dans le même wagon ?

Marceline   Je ne sais pas. Il est difficile de s'en souvenir.

Simone   À ce moment-là, Marceline et moi, nous ne nous connaissions pas encore.

Marceline   Est-ce qu'il y avait Émile Kaçmann dans ton wagon, celui qui est devenu chantre de la synagogue de la rue Copernic ?

Simone   Je ne me souviens pas d'Émile Kaçmann à ce moment-là. Je ne l'ai connu qu'à la synagogue de Copernic, lorsque nous nous sommes retrouvés pour Kippour.

Marceline   Alors, c'est que nous n'étions pas dans le même wagon. Car il était dans le mien, il chantait.
       Tu ne l'aurais pas oublié.
       Je pense que toi et moi nous nous sommes rencontrées pour la première fois dans le block numéro 9 du *Lager*. C'était au cours du premier appel ou peut-être même avant.

Simone   C'était peut-être lorsque nous sommes passées au tatouage ou aux douches.

Marceline   Mais pour le tatouage, tu étais à la lettre *J* et moi à la lettre *R*, alors je suis passée bien après toi.

Simone   Oui, mais nous étions jeunes et les jeunes essayaient de faire connaissance.

Marceline   Nous étions même les plus jeunes. Tu avais seize ans et moi quinze. Nous étions les plus jeunes.

Simone   Il y avait Sonia…

Marceline   Je me souviens très bien de Sonia. Tu sais ce qui vient de m'arriver ? Une femme qui me cherchait depuis cinquante-sept ans m'a retrouvée récemment par l'intermédiaire du journal d'Arte. Elle était en prison avec moi à Avignon.

Simone Et les deux sœurs qui avaient été arrêtées avec toi, que sont-elles devenues ?

Marceline Elles sont revenues. Il y en a même une qui a épousé mon frère… Il est tombé amoureux d'elle avant de s'engager dans les Forces françaises libres. Au camp, j'avais perdu ces deux sœurs de vue. L'une d'elles était dans un kommando de travail qui fabriquait de la ficelle. Elle travaillait sous un toit, ça changeait tout.

Simone Et leur mère ?

Marceline Leur mère s'était fait arrêter dans la rafle du 16 juillet 1942. Elle était déjà déportée lorsque ses filles sont arrivées. Elle les a retrouvées dans le camp.

Simone Je pense à toutes celles qui avaient peur de voir arriver leur famille, leurs enfants.

Marceline C'était terrible pour elles d'aller voir les arrivées. Et encore, quand elles pouvaient passer !

Simone Tu as retrouvé ton père au camp, si j'ai bon souvenir…

Marceline Un jour, nos kommandos se sont croisés, j'ai vu mon père, j'ai voulu l'embrasser. Tu te souviens de la dérouillée que j'ai prise de la part d'une des SS ?
  Elle m'a traitée de putain parce que j'embrassais les hommes !

Simone Ce qui m'étonnait au camp, c'étaient les questions personnelles insurmontables, par exemple les accusations. Dans notre convoi, il y avait une femme arrêtée comme résistante. Son mari avait été fusillé. On s'est aperçu qu'elle était juive, elle est passée par Drancy et a été déportée. Nous étions avec une femme arrêtée en même temps qu'elle et qui a toujours pensé que l'autre l'avait dénoncée. Au camp, elles ne se sont jamais adressé la parole, ni après.

Ma sœur Milou était très amie avec les deux femmes, mais elle n'est jamais arrivée à les rapprocher.

Marceline Elles ont eu de la chance de rentrer.

Simone Tu t'es inscrite à l'Amicale d'Auschwitz dès ton retour ?

Marceline Pas du tout. J'y suis allée une fois il y a cinquante ans et n'y suis retournée que ces dernières années, pour le film, et parce que Ginette Kolinka me l'avait conseillé. Elle me disait que l'atmosphère avait changé.

Simone Tu revois Ginette ?

Marceline Son fils est devenu le batteur du groupe Téléphone. Il jouait de la batterie dans la cave pendant que Ginette voulait qu'il soit postier ! Pour ce qui est de l'Amicale d'Auschwitz, j'y suis très peu retournée. De toute façon, je retrouve peu de survivantes aujourd'hui. Et encore, nous étions parmi les plus jeunes.

Simone Il y avait une grande solidarité entre les plus jeunes déportées du camp. Toutes les autres nous paraissaient vieilles !

Marceline Quand nous parlons de « vieilles », il pouvait s'agir de filles de vingt ans ! Elles pleuraient, elles étaient chiantes !

Simone Elles pouvaient se montrer très agressives envers nous.

Marceline Nous portions les pierres en chantant, nous rigolions… C'était comme ça que nous arrivions à tenir. Ces filles plus âgées nous le reprochaient.

Simone Elles nous faisaient la morale !

Marceline Elles se taisaient dès que nous arrivions. Elles devaient se raconter des saloperies…

Simone   Je crois qu'elles se racontaient indéfiniment leurs histoires d'amour.

Marceline Elles ressassaient leur vie amoureuse. Comme pour la prolonger.

Simone   Elles la prolongeaient, elles l'arrangeaient, lui trouvaient des *happy ends*… Elles pensaient à ce qu'elles auraient pu vivre si elles en avaient eu le temps.

Marceline Tu te souviens d'Henriette, la voyante ?

Simone   Il y avait beaucoup de voyantes, certaines lisaient dans les lignes de la main. Il y avait aussi celles qui chantaient. Une ou deux avaient une jolie voix.

Marceline Je me souviens d'une petite Marseillaise, une Séfarade. Elle avait une voix formidable.

Simone   Je voudrais revenir à ces jeunes femmes que nous appelions « les vieilles ». Elles étaient dures avec nous. On avait toujours l'impression qu'elles nous reprochaient notre grande jeunesse.

Marceline Il y avait quelque chose en nous qu'elles ne supportaient pas. Notre inconscience, peut-être.
Notre force vitale qui s'exprimait malgré tout.

Simone   Ni ma sœur Milou ni Maman n'avaient l'air agacées par nous. Pourtant, Maman était parmi les plus âgées.

Marceline Toi, ta mère et ta sœur, c'était extraordinaire de vous voir ensemble. Je ne l'ai pas oublié.

David   Pour vous, Marceline, c'était très différent parce que vous étiez seule…

Marceline J'étais contente d'être seule.

Simone   Tu étais contente d'être seule ?

Marceline En tout cas, la seule pensée d'avoir ma mère avec moi m'horrifiait. Pour moi, mieux valait être seule. Et puis, si j'étais arrivée avec mon petit frère ou ma petite sœur, je serais passée directement à la chambre à gaz, alors… Vraiment, il valait mieux que je sois seule.

Mais toi, ta sœur et ta mère, vous symbolisiez une dignité extraordinaire, une éducation. Et pas seulement pour moi, pour beaucoup d'autres filles du camp.

Je vois encore ta mère, je l'ai dans les yeux, je ne l'ai jamais oubliée. En même temps, cela m'effrayait. Je me disais : « Ce doit être pénible d'être ici avec sa mère ! »

Une mère qui dit ce qu'il faut faire et ce qu'il ne faut pas faire ! (*Rires.*) Au camp, c'est le comble !

Simone Au contraire. Maman ne faisait jamais la morale. Jamais.
Aujourd'hui, j'ai toujours du mal à comprendre comment elle parvenait à garder autant de…

Marceline … dignité ?

Simone … non seulement de dignité, mais d'optimisme.
Le 18 janvier 1945, toi et moi n'étions plus ensemble puisque Milou, Maman et moi étions à Bobrek. Or, ce 18 janvier, nous avons été enfermées dès le matin. Nous savions que nous allions être évacuées le soir. Nous pensions que nous retournerions à Auschwitz et que nous y serions toutes exterminées.

Maman, elle, gardait une confiance inébranlable. Elle disait : « Jusqu'à maintenant nous nous en sommes sorties, nous nous en sortirons… »

Il ne s'agissait pas seulement de dignité, mais d'optimisme. Ou plutôt d'une apparence d'optimisme, ce qui était encore plus fort de sa part.

Marceline Je pense à vous trois comme un symbole. Vous étiez plus belles les unes que les autres… Et puis vous étiez les exemples vivants d'une éducation qui m'impressionnait. Avec vous, j'avais intérêt à bien me conduire.

Quand ta mère était là, je me tenais à carreau ! (*Rires.*)

En tout cas, toutes les trois, vous deviez vous sentir plus fortes.

Simone J'étais la plus jeune. Moi aussi, je faisais très attention à ne pas tomber dans la même grossièreté, la même violence avec lesquelles on pouvait s'adresser à nous.

Marceline Je suis en train de faire brûler ton couvre-lit avec ma cigarette ! Ça ne se verra pas… Tu étais au kommando 109, si j'ai bon souvenir.

Vous étiez sous les ordres d'une kapo blonde.

Simone Une kapo blonde, très belle. Je m'en souviens.

Marceline C'était une Ukrainienne.

Simone Une Ukrainienne qui n'arrêtait pas de flirter. Peu après le débarquement de Normandie, elle voulait avoir la paix avec son amoureux, un autre kapo.

Ils s'étaient isolés dans un baraquement.

Marceline Mais au moment du débarquement de Normandie, tu n'étais pas à Bobrek ?

Simone Non, au moment du débarquement, nous étions encore au kommando 109.

Nous ne sommes parties à Bobrek que début juillet.

Cette Ukrainienne laissait parfois traîner des journaux. Elle a laissé traîner une coupure de presse sur le débarquement, avec une carte du Cotentin et des flèches indiquant les mouvements de troupes.

Je suis sûre qu'elle l'a fait exprès, pour avoir la paix.

Marceline Tu te souviens que nous avons chanté *La Marseillaise* ? Doucement, en passant devant les Allemands…

Simone Oui, je me souviens.

Marceline C'était à la porte de sortie du camp des femmes.
Lorsque nous avons su que Leclerc était à Paris, nous avons chanté *La Marseillaise* en défilant devant les Allemands, mais pas trop fort.

David Pourriez-vous parler de votre vie au block ? Par exemple de cette tentative, un jour, d'échapper au travail en vous cachant…

Marceline Oui, nous nous sommes cachées… Simone, tu ne te rappelles pas que nous nous sommes dissimulées entre les paillasses ?

Simone Je ne sais plus à quelle occasion.

Marceline C'était pour échapper à ces épouvantables corvées !

Simone Oui, je m'en souviens !

Marceline Nous sommes revenues en douce dans le block et nous nous sommes glissées entre les paillasses. Mais je ne sais plus avec quoi nous avons réussi à nous recouvrir.

Simone L'heure de l'inspection des lits était probablement passée. Cela faisait partie des incohérences du camp. Certaines règles, bien précises, ne s'appliquaient qu'à une certaine heure.

Marceline Après, on les oubliait…

Simone Le règlement était respecté sur le moment, ensuite plus personne ne nous demandait rien.
Il fallait se cacher le temps de la réquisition. Alors nous pouvions sortir, ni vu ni connu. Une fois les kommandos partis, il n'y avait plus de contrôles. Il fallait comprendre le système et prendre un certain nombre de précautions.
   De même, nous étions censées ne rien posséder.
Or, nous parvenions tout de même à récupérer divers objets. Personne ne nous demandait comment nous nous les étions procurés.
Le plus souvent, nous les avions échangés contre une ration de pain.
Cette tentative pour nous cacher, c'était pendant notre quarantaine, au tout début.

Marceline Oui, après, c'est devenu impossible.

Simone Après, nous avons été enregistrées dans un kommando et une disparition de quelques heures ne serait pas passée inaperçue.

Marceline Nous étions très encadrées, très surveillées.

Simone Le matin, au départ, il fallait se débrouiller pour que les couvertures tombent parfaitement à angle droit sur nos paillasses. Je ne sais pas comment nous y arrivions.

Marceline Nous y arrivions parce que nous avions peur de recevoir des coups !

Simone Combien étions-nous sur nos châlits, ce qu'on appelait les *coyas* ?

Marceline Nous étions entre six et huit par *coya*. La plupart étaient des structures carrées qui devaient faire 1 mètre 90 sur 1 mètre 90. J'en ai parlé avec Marie, qui est devenue ma belle-sœur. Elle me dit que nous étions huit sur le premier *coya*.

Simone Marie, c'est elle qui occupait un *coya* à mi-hauteur ?

Marceline Toi aussi tu étais à mi-hauteur, ce devait être terrible. Moi au début, j'ai eu de la chance, j'occupais un *coya* tout en haut, mais cela n'a pas duré.

Simone Pendant la quarantaine, pas loin de nous, il y avait une jeune Polonaise qui essayait de m'appâter avec un peu de pain et de sucre.
    Elle voulait que je la rejoigne et que je dorme avec elle.
    Je prenais le cadeau, mais je trouvais toujours un prétexte pour partir. (*Rires.*)

Marceline Si elle avait du pain et du sucre à distribuer, c'est qu'elle occupait une fonction quelconque à l'intérieur du camp. Le pain et le sucre, c'était très rare.

Simone Mais nous faisions parfois des trouvailles inattendues. Au mois de juin 1944, je ne sais pas si tu t'en souviens, Maman et moi avons été envoyées pour travailler près du crématoire.
C'était l'époque où les Hongroises sont arrivées au camp.

Marceline Derrière le crématoire, je me souviens, j'étais avec vous.

Simone Nous devions passer devant le bloc des Tziganes.

Marceline Les Tziganes étaient encore là ?

Simone Oui, car c'est au mois d'août 1944 qu'ils ont été exterminés. Moi j'avais déjà quitté Auschwitz.

Marceline Je m'en souviens.

Simone Nous devions creuser des tranchées sur un terrain qui se trouvait près d'une sorte de décharge.

Marceline Et nous avons pu y voler pas mal de choses !

Simone Une fois nous sommes même rentrées avec des bidons remplis de divers objets.

Marceline C'est incroyable de se souvenir de ça.

Simone Alors justement, quel souvenir précis en as-tu ? Nous arrivions le matin, très tôt.

Marceline Sur ce terre-plein ?

Simone Oui, près des crématoires. Nous passions le long d'un block avec une espèce de parterre jardiné à l'entrée. Puis nous atteignions un terrain où il fallait creuser des tranchées, soi-disant pour y faire passer des tuyaux. C'était toujours la même chose.
Nous accomplissions des travaux incompréhensibles. Sur ce parterre, on trouvait des vêtements d'enfants, des poussettes, des béquilles, des jouets, etc. C'était tout cela que nous rapportions.

Et il y avait aussi des fleurs. Là-dessus, je suis formelle. Je lisais récemment une polémique absurde au sujet d'Imre Kertész.

On l'accusait d'avoir menti en disant qu'il avait vu des fleurs dans les camps.

Marceline Il y avait effectivement des fleurs sur ce parterre. En particulier des violettes.

Simone Surtout des pensées.

Marceline Oui, des pensées, c'est ce que j'appelle des violettes !

Simone J'en ai un souvenir très précis. Alors quand quelqu'un accuse Kertész de mensonge parce qu'il a parlé de fleurs…
Je confirme qu'il y avait des fleurs dans le camp.

Marceline Je crois qu'ils en avaient fait planter avant la visite annoncée d'un envoyé de la Croix-Rouge… Celui qui n'est finalement jamais venu et que Claude Lanzmann a interviewé.

C'est difficile de resituer tout cela dans le temps, de retrouver un peu de chronologie.

C'est donc en juillet que tu es partie à Bobrek ?

Simone Le 9 juillet 1944.
Peu de temps avant l'attentat contre Hitler.
Je m'en souviens, nous l'avons su le soir même et nous avons eu un espoir, très rapidement brisé.

Marceline Je ne me souviens pas d'avoir eu la nouvelle.

Simone Le camp de Bobrek était beaucoup plus petit. Certains travaillaient dans les bureaux, ils entendaient la radio et ils écoutaient les SS parler entre eux.

Simone   Et le débarquement de Normandie, comment l'as-tu appris ?

Marceline   On l'a su assez vite, il me semble.

Simone   À partir de mai 1944, tout le monde s'est mis à parler d'un débarquement ici ou là. Mais lorsque j'étais au kommando 109, j'ai trouvé ce petit bout de journal, abandonné sans doute exprès par cette kapo ukrainienne dont nous avons déjà parlé. Alors, je me suis dit, c'est donc vrai, le débarquement a bien eu lieu.

Marceline   Dès que Leclerc a défilé à Paris, nous l'avons su aussitôt.

Simone   Mais ça, c'était la Libération, deux mois plus tard ! Pour le débarquement, si incroyable que cela puisse paraître, nous l'avons su à quelques jours d'intervalle. Il faut dire qu'il était exceptionnel de trouver le moindre bout de journal. Lorsque j'entends certains parler de bibliothèques et de livres qu'ils lisaient dans les camps, je suis très étonnée.

Marceline   Tu veux parler de Jorge Semprún.
   Là, je crie : « Au secours ! »

Simone   Je suis d'accord, quand Jorge Semprún parle de bibliothèque à Buchenwald, pour moi, cela relève de l'impensable.

Marceline   C'est souvent le problème avec les résistants. Beaucoup ne comprennent pas ce qu'ont été les camps d'extermination.
   D'ailleurs, je l'ai dit à Semprún au cours d'une réunion, après la projection d'un film un peu agaçant sur sa vie. Il parlait, il parlait et je suis intervenue : « Vous dites que vous étiez bibliothécaire, mais moi, je n'ai jamais vu de bibliothèque à Birkenau ! »

Simone   Attention, il ne dit pas qu'il était bibliothécaire. Il était au Bureau du travail, l'*Arbeitsstatistik*. Il dit qu'il avait accès à la bibliothèque et que, là, il a pu lire des ouvrages de Goethe.

Je ne remets pas en cause son témoignage, mais pour nous, c'était complètement différent.

Je ne me souviens pas d'avoir eu ni papier ni crayon.

Marceline Un jour, j'ai quand même reçu un message de mon père.

Il savait dans quel block j'étais.

J'étais sidérée qu'il ait pu trouver du papier et un crayon pour écrire trois mots.

Simone Et après, au camp de Bergen-Belsen, est-ce que nous nous sommes revues ?

Marceline J'ai essayé de te retrouver, je t'ai cherchée partout.

Simone Je me souviens. Tu es apparue et repartie presque aussitôt.

Marceline Ta mère était en train de mourir…
C'était pratiquement la fin. Vous gisiez sur ces espèces de paillasses pourries à même le sol, dans les couloirs d'un baraquement.

Simone Nous nous battions sans arrêt avec les voisins.

Marceline Vous vous battiez pour un bout de paillasse, un bout de couverture.

Simone Après, nous nous sommes perdues de vue.
À quel moment as-tu quitté Bergen-Belsen ?

Marceline Moi je suis partie fin février ou début mars 1945.

Simone Où es-tu partie ?

Marceline Je suis partie travailler dans une usine Junkers qui fabriquait des avions de chasse, à côté de Dessau. Je découpais des pièces de moteur sur une fraiseuse.

Simone Tu étais efficace ?

Marceline Non. Une fois, j'ai même été emportée par la machine ! Mais je m'efforçais de faire de bons tracés parce que sinon…
Un jour, un Allemand est venu vers moi.
Il m'a dit : « Il y a quelque chose pour toi dans le tiroir. » Je me suis dit : « Chouette ! Il va me donner quelque chose à manger. » C'étaient des épluchures de patates, je les ai partagées avec une amie qui travaillait avec moi.
C'est le seul cadeau que j'aie jamais reçu au camp de la part d'un Allemand.

Simone   Où as-tu été libérée ?

Marceline À Theresienstadt. Nous avons été évacuées de l'usine Junkers dans des wagons à bestiaux. Le dernier jour, comme les Américains étaient très proches et que je voulais échapper à l'évacuation, je me suis cachée dans un cercueil avec mon amie Renée. Les SS nous ont retrouvées, ils nous ont battues, ils nous ont punies en nous enfermant dans le wagon des malades du typhus. À l'intérieur de ce wagon, il n'y avait que des cadavres.
    Mon amie a attrapé le typhus et en est morte.

Simone   C'est donc à Theresienstadt que tu as été libérée ?

Marceline Oui, mais je me suis évadée de Theresienstadt après la libération du camp.

Simone   C'était comme nous à Bergen-Belsen, vous n'aviez pas la possibilité de sortir ?

Marceline Nous étions coincées. Notre convoi depuis Dessau avait apporté une terrible épidémie de typhus à Theresienstadt. Tout le monde en mourait. On nous a dit que nous ne rentrerions pas avant longtemps.

Simone   C'est aussi ce qui nous est arrivé.

Marceline Nous sommes donc parties à pied. Nous étions maigres comme des clous mais nous arrivions à marcher.
    Nous avons fait soixante kilomètres à pied jusqu'à Prague.

Simone   Quand es-tu rentrée à Paris ?

Marceline Très tard, au mois d'août 1945.
    Je me suis retrouvée dans une caserne à Prague. Ensuite, accompagnée de prisonniers de guerre français, j'ai pris un train censé relier la zone soviétique à la zone américaine. Nous espérions ainsi être rapatriés plus vite.
    Le train s'est arrêté à la frontière entre les deux zones.

Là, les Soviétiques, qui ne voulaient pas aller en zone américaine, nous ont proposé de continuer à pied ou de revenir à Prague. C'était déjà le début de la guerre froide.

Après le passage de la frontière interzones, nous avons fait du stop sur la route. Une Jeep américaine s'est arrêtée, remplie d'Américains et d'Australiens.

Ils nous ont ramenés dans leur camp.

Simone Alors que les gens qui étaient restés à Theresienstadt ont été rapatriés beaucoup plus vite…

Marceline Je sais, mais je n'en pouvais plus d'attendre, de rester là, d'être à la disposition des autres. J'ai donc vécu dans ce camp américain. Il y avait un centre de rapatriement pour prisonniers de guerre à Pilsen, nous n'étions pas loin.

Simone Il y avait aussi des prisonniers de guerre près de Bergen-Belsen. Sachant que nous étions françaises, ils sont venus nous aider.
Ils nous ont apporté à manger, ils nous ont surtout donné des cigarettes qui servaient de monnaie d'échange.

Mais ils ont été rapatriés bien plus vite que nous, en avion.
Ils ont eu la priorité. Certains ont cependant voulu rester à nos côtés. Ils n'ont pas pu. L'un d'entre eux, un médecin, a insisté pour rester avec nous. Je ne sais pas s'il a été autorisé à le faire.

Plus d'un mois après la libération, nous étions en quarantaine à cause du typhus, bloqués dans le camp de Bergen-Belsen.
Et puis les autorités françaises avaient estimé que les prisonniers de guerre étaient là depuis plus longtemps que les déportés et qu'ils avaient le droit de rentrer chez eux plus vite.

Marceline Nous avons eu plus de chance. Les prisonniers de guerre ont dit : « Il y a là plusieurs déportées d'Auschwitz, il faut les rapatrier avec nous. » Ils se sont heurtés à un refus. « On ne sait pas qui sont ces femmes, leur a-t-on dit, ni d'où elles viennent. On a ordre de ne rapatrier que les prisonniers de guerre et personne d'autre. »

Alors, les prisonniers ont entamé une grève, ils ont dit qu'ils refusaient d'être rapatriés. Ils se sont battus pour nous. Les Américains aussi. Et nous sommes parties avec eux.

Simone Avec nous aussi, les prisonniers français ont été formidables.

Tout ce qu'ils ont pu faire, ils l'ont fait. Beaucoup leur doivent leur retour.

Ils ont montré de la gentillesse, de la chaleur humaine.

C'est grâce à eux que Milou et moi avons pu faire passer à mes oncle et tante le message que nous allions rentrer et que Maman était morte.

Marceline Tu es rentrée par l'hôtel Lutetia ?

Simone Oui, le 23 mai 1945.

Marceline On t'a aspergée de DDT dès l'arrivée ?

Simone Nous en réclamions, de ce DDT ! Nous étions pleines de poux.

Marceline Moi j'étais couverte de gale, j'ai transmis la gale à tout le monde.

Simone J'ai un souvenir de Bergen-Belsen, sur la grande allée centrale jonchée de tas de cadavres. Un jour, j'ai aperçu un chandail, il était d'une jolie couleur bleu pâle. Même au mois de mai, il ne faisait pas si chaud et ce vêtement m'aurait été utile. À quelques mètres de distance, il avait l'air en angora. Je me suis approchée. Il était infesté de poux.

Ce qui lui donnait cette texture d'angora, c'étaient les lentes qui grouillaient dans la laine ! Toute notre déportation, nous avons lutté contre les poux. Alors le DDT m'est apparu comme la découverte la plus géniale du siècle.

Marceline Moi, cela me faisait penser au camp. Je me suis dit : « Tiens, ça continue ! »

Simone Pour nous, cela signifiait la fin des poux.

Marceline Quand tu es rentrée en France, est-ce que tu as dormi par terre, toi aussi ?

Simone Oui.

Marceline Nous n'arrivions plus à dormir dans un lit. Ta tante le comprenait ?

Simone Oui, elle le comprenait. Et puis mon oncle et ma tante se sont surtout occupés de Milou.

Moi j'avais repris du poids. J'avais attrapé le typhus, mais j'étais quand même en meilleure forme.

L'état de Milou était beaucoup plus préoccupant.
Mon oncle et ma tante ont hésité à l'hospitaliser.

Marceline Tu as aussitôt pensé à reprendre tes études ?

Simone Oui, très vite. Quand je suis partie à Auschwitz,
je venais de passer le baccalauréat, sans savoir si je l'avais obtenu.

En sortant de Bergen-Belsen, j'avais l'impression de ne
plus savoir lire, ni écrire, mais je ne voulais à aucun prix repasser
mon bac. L'effort me paraissait énorme. Et puis, je ne sais plus
comment, j'ai su que j'étais bachelière. Alors, j'ai eu envie de
commencer des études.

Je ne voulais surtout pas rester sans rien faire.

Mon oncle et ma tante me poussaient à entreprendre
quelque chose. Et puis je savais très bien ce que j'avais envie de faire.

Marceline Moi, au retour, j'étais vraiment paumée.

Simone Milou et moi nous sommes retrouvées à Paris avec ce qui
restait de la famille. Nous logions dans la maison de mon oncle et
ma tante revenus de Suisse. Nous avons retrouvé ma grand-mère qui
s'était cachée à Nice, ainsi que ma cousine qui venait de se marier.
L'atmosphère était très endeuillée par la mort de Maman,
la disparition de Papa, de mon frère Jean.

Cependant, la vie était assez organisée, structurée, même
s'il n'y avait plus un meuble. La maison avait été complètement
vidée, rééquipée avec le minimum. Tout le monde devait
reprendre une activité. Je n'imaginais pas rester sans rien faire.

Et toi, quand tu es rentrée, qu'est-ce que tu as fait ?

Marceline Je suis restée un an toute seule sans vouloir voir personne.

J'étais profondément perturbée. La nuit, je faisais
d'horribles cauchemars.

Simone Tu étais à Paris ?

Marceline Non, j'étais dans le Midi.

Simone C'est donc pour cela que nous ne nous sommes pas vues.

Marceline Mais j'ai quand même vécu assez longtemps à Paris, à l'hôtel Lutetia. On m'avait installée dans une chambre transformée en dortoir. J'ai même eu droit à des bons de cinéma.

Simone Milou et moi ne sommes restées que deux ou trois heures au Lutetia, puis nous sommes reparties.

Marceline Parce que ta famille est venue te chercher aussitôt, mais moi, je ne connaissais personne à Paris. Donc je suis restée.

Une amie nommée Jeanine m'a dit : « Après le Lutetia, je ne vais pas te laisser toute seule, parce que tu sais pas quoi faire, ni où aller. Tu n'as personne. Je vais t'emmener avec moi. » Alors nous avons pris le métro, nous sommes arrivées dans une rue au fin fond du XXe arrondissement. Jeanine m'a dit : « C'est ici que vivent mon mari et mon enfant, je vais les retrouver. »

La concierge nous a reçues. Elle lui a dit : « Votre mari n'habite plus ici, il est parti avec une autre femme. C'est terrible, n'est-ce pas ?... Et votre enfant, eh bien, je ne sais pas où il est... »

Jeanine était complètement effondrée. Alors, la concierge lui a dit : « Vous, je veux bien vous garder chez moi un certain temps, mais l'autre, je sais pas où la mettre ! »

Je ne connaissais pas Paris, je n'étais même pas capable de prendre le métro. Alors, Jeanine m'a ramenée à l'hôtel Lutetia.

Simone Quand nous parlons du retour, nous avons les mêmes souvenirs : cela s'est mal passé. Et la question demeure. Pourquoi ce fossé entre les déportés et les autres ? Pourquoi cette difficulté ?

Je sais bien qu'en 1945 la vie était difficile pour tout le monde. Mais cela n'explique pas tout.

Marceline Les Français étaient encore très antisémites après la guerre. Pour moi, c'était une horreur.

Simone Tout à fait d'accord. Mais ce n'est pas de cela que je veux parler. La difficulté résidait aussi dans nos relations avec nos proches, avec ceux qui cherchaient à nous comprendre, à nous aider.

Tu parles, toi aussi, de ta mère que tu n'avais pas envie de retrouver.

Marceline Je crois que si j'avais été plus âgée, je ne serais pas revenue en France. Lorsque j'ai voulu m'engager pour faire la guerre en Israël, ma mère m'en a empêchée, elle m'a toujours empêchée de faire quoi que ce soit. Aujourd'hui je lui pardonne.

Se retrouver seule avec cinq enfants, c'était très dur. Je ne lui en veux pas, elle ne savait pas comment faire… Il faut dire que l'art d'être mère et elle, c'étaient deux choses différentes. Elle a eu beaucoup de mal à nourrir sa famille. Ses enfants n'étaient pas spécialement équilibrés.
On peut même dire que nous étions complètement cinglés.

Enfin, moi, j'étais cinglée. Après la guerre, beaucoup de Juifs étaient profondément névrosés. Ils vivaient dans une sorte de déni de la réalité. Ils ne pensaient qu'à se marier, à faire des enfants, à reconstruire des familles, comme si de rien n'était…

C'était de la folie ! En un sens, ils avaient raison, la vie devait reprendre ses droits. Mais tout pouvait dérailler très violemment.
On m'a parlé d'un homme qui s'est remarié après avoir perdu sa première épouse et ses cinq enfants dans les camps. Après la guerre, lorsque son fils est né, il a essayé de se jeter par la fenêtre. Il y a tant d'histoires à peine croyables au sujet des retours. Je ne sais pas si tu te souviens de L., qui était dans le même convoi que nous.

Simone Si, bien sûr, je l'ai revue. Elle était dentiste, il me semble.

Marceline Exactement.

Simone Au camp, je ne l'ai quasiment pas connue, mais lorsque j'étais ministre de la Santé elle est venue me voir. Elle m'a dit que nous avions fait partie du même convoi.

Ensuite, nous nous sommes revues plusieurs fois.

Marceline C'était une femme formidable. Son père et l'une de ses sœurs sont morts dans les camps. Elle en est revenue avec sa mère et une autre sœur. Eh bien, longtemps après son retour, elle a fait une terrible découverte. Elle connaissait André Halimi, auteur d'un documentaire puis d'un livre sur la dénonciation

des Juifs pendant l'Occupation. Grâce à Halimi, qui avait accès aux archives de la préfecture de police, elle a retrouvé la lettre par laquelle sa famille avait été dénoncée.
Cette lettre était signée de la gardienne de leur immeuble, une femme que la mère de L. avait prise en affection après la guerre, pensant qu'elle avait pieusement conservé leurs meubles et leurs affaires pendant leur déportation. La mère de L. s'était même occupée de cette gardienne dans sa vieillesse, l'avait placée dans une maison de retraite à ses propres frais, avec toute sa compassion.

    Eh bien, c'est elle qui les avait tous dénoncés.
    La mère ne l'a jamais su. C'est L. qui l'a découvert.

Simone Je pense qu'il vaut mieux que la mère ne l'ait jamais su.

Marceline Je suis d'accord !

(Rires.)

L'adieu de Marceline à Simone

Discours prononcé lors des obsèques de Simone Veil

Le 5 juillet 2017, la France rend un dernier hommage à la rescapée de Birkenau dans la cour des Invalides.

Des centaines de gens sont à l'extérieur, sur l'esplanade. Il y a beaucoup de femmes, des banderoles qui disent l'émancipation des femmes, qui rendent hommage aux combats pour la liberté et le respect des droits humains. Ce sont des messages bienveillants et tendres, toujours reconnaissants envers l'humanisme, le courage et la dignité de Simone Veil.
Dans la cour des Invalides s'est rassemblée la France officielle, des anciens présidents, des ministres, les députés au complet, des sénateurs, des personnalités du monde des arts et du spectacle… Jean Veil est aux côtés de son frère Pierre-Francois. Ses mots sont justes, sobres et émouvants. Puis il dit « Maman », avec douceur et fragilité, il explique que Simone Veil appartient désormais aussi aux autres, à tous les autres.

À nous tous, le silence s'impose.

Je quitte l'hommage officiel aux Invalides pour rejoindre l'autre cérémonie au cimetière du Montparnasse, l'inhumation intime de Simone Veil.
Nous sommes une centaine à peine. Il y a la famille, des proches, des amis et aussi les dernières filles de Birkenau parmi lesquelles Marceline Loridan-Ivens. La rabbine Delphine Horvilleur tente de dire le Kaddish mais la voix du grand rabbin de France Haïm Korsia couvre la sienne. Avant ce Kaddish, Marceline, sa copine de Birkenau, prononce un dernier discours.
Elle sera la seule à prendre la parole.

David Teboul

Toutes les femmes ont un lien avec toi, Simone.
Toi et moi, nous sommes rencontrées pour mourir ensemble.
Nous étions du même transport, toi le numéro 78651, moi le 78750. Si j'ajoute les chiffres de ton numéro les uns aux autres, j'arrive au chiffre 9. Et si je fais la même chose pour le mien, j'arrive également au chiffre 9. 99 femmes nous séparent, dont peu sont revenues. Mais je t'ai vue très vite. D'abord à la douche où des nazis nous hurlèrent de nous déshabiller après nous avoir numérotées. Je t'ai vue parce que tu étais belle, la mieux roulée de nous toutes, avec Sonia. Je ne devrais pas dire ça ici, mais c'est vrai. Et ça montre que nous nous regardions encore comme des jeunes filles entre elles, que nous n'avions pas compris…
Et puis au block. Je te revois serrée avec ta mère et ta sœur sur le *coya* juste en face du mien, de l'autre côté de la travée. Moi j'étais seule, collée à des inconnues, mais si j'ouvrais les yeux, c'est toi que je voyais.
Nous avions le même âge. Et je sentais en toi une force vitale, un même penchant que moi pour la rébellion.

Je l'ai compris le jour où je n'ai pas voulu me laisser prendre par les corvées d'humiliation. Je t'ai proposé qu'on se cache sous les couvertures où l'on empilait les paillasses chaque matin. Tu n'as pas hésité, tu m'as suivie. Tu t'es allongée entre deux paillasses. J'ai mis la couverture sur toi, puis j'ai fait de même, arrangeant tant bien que mal une autre couverture sur moi. Quand il n'y a plus eu de bruit, nous sommes sorties de notre cachette et, sans nous faire prendre, nous avons marché dans nos habits de mortes pour découvrir où nous étions. Nous ne le savions pas vraiment. Nous sommes passées devant une baraque en bois verte qui semblait meilleure que les nôtres et où des femmes parlaient français. Et nous avons eu envie de leur parler afin de comprendre un peu mieux. Et là, elles nous ont chassées en nous insultant et en nous traitant de sales Juives. C'était la baraque des communistes françaises. Nous n'avions pas encore vu nos os sur le point de trouer notre peau. C'était le début, nous pensions comme avant, au temps des désobéissances écolières.
Et puis on a fini par comprendre.
Quand l'une de nous mourait, on l'oubliait, on ne pleurait pas, le deuil n'existait plus, on était dures.

Nous étions les miroirs les unes des autres. Je m'accrochais aux regards des plus déterminées d'entre nous. Le tien en faisait partie.
Je te regardais aller avec ta mère et ta sœur, vous symbolisiez la France cultivée et intelligente.
J'ai vu mourir ta mère sur le sol gelé de Bergen-Belsen.

Simone, nous en sommes sorties vivantes ! Et nous n'avions plus peur de rien.
Nous savions toi et moi que le reste de notre vie n'était que du rabe. Qu'il fallait en faire quelque chose, quelque chose de grandiose. Tu l'as fait.
Pour toutes les femmes qui jamais n'oublieront ton nom.
Et pour toutes les mortes que nous avons laissées derrière nous et que nous représentons.

La vie nous a éloignées après la guerre. Nous ne nous sommes pas cherchées, c'était inutile, nous allions nous retrouver. C'est arrivé dans la rue par hasard une première fois. Tu m'as invitée chez toi, mais je ne suis pas venue. Puis une deuxième, rue Dante. Tu as insisté : Viens chez moi. Et je suis montée. Et dès lors, nous n'avons plus cessé de nous voir. Nous parlions du camp, des filles laissées là-bas que nous n'avions pas pu pleurer, mais que nous n'avions pas oubliées. Nous riions parfois, et râlions encore contre celles qui se récitaient des recettes de cuisine pour conjurer leur sort et nous donnaient atrocement faim.

Il y a longtemps que tu me manques, Simone. Et il y a longtemps que tu manques à la France. La courbe de nos vies a connu le pire et le meilleur de l'humanité. Les usines de la mort. Comme les élans du progrès. Mais le temps passant, nous avons eu le même pressentiment toi et moi : l'horizon s'obscurcit à nouveau. Tu étais inquiète. L'antisémitisme est de retour. Il a connu des rémissions mais ne disparaîtra jamais.
Nous le combattrons. Je le ferai jusqu'à mon dernier souffle.

Et tu le feras encore. Tu laisses au monde une trace belle et profonde, Simone, qui rend fières et inoubliables toutes les filles de Birkenau.

Simone et Paul

Le petit camp de Bobrek faisait partie du complexe d'Auschwitz-Birkenau. À quelques kilomètres du camp principal, il a fonctionné de mai 1944 à janvier 1945 pour le compte de l'entreprise Siemens-Schuckert.
Près de trois cents déportés d'Auschwitz, dont une trentaine de femmes, y ont été transférés. Les conditions de vie y étaient moins extrêmes qu'à Birkenau. Les femmes étaient affectées aux travaux de bâtiment et de terrassement, les hommes, à l'usine Siemens.
Paul Schaffer a fait partie du premier kommando de Bobrek. Simone Veil y a été transférée avec sa mère et sa sœur en juillet 1944.

Paul Schaffer est né en 1924 et a grandi à Vienne, en Autriche. Après la nuit de Cristal, le 10 novembre 1938, ses parents décident de quitter Vienne pour s'installer en Belgique. En 1940, suite à l'attaque des Allemands sur la Belgique, ils viennent en France, dans le Sud-Ouest, à Revel. Paul est arrêté en août 1942, avec dix mille étrangers et apatrides, complétant la rafle du Vél' d'Hiv' à la demande de Laval et Bousquet. Interné à Drancy, il est déporté à Auschwitz le 4 septembre 1942, par le convoi n° 28. En mai 1944, il est transféré à Bobrek. Lorsque Simone Veil le rencontre, il n'a pas vingt ans.

Simone Veil aimait Paul Schaffer. Elle m'a fait promettre que, un jour, l'échange sur leur vie à Bobrek serait entendu.
« Promettez-moi, David, de ne pas oublier Paul, c'est un survivant, un héros aussi.
Et puis, vous savez, il était amoureux d'une jeune femme à Bobrek. Ça m'avait fait tellement de bien. Paul m'avait donné l'espoir d'aimer si je sortais vivante de cet enfer. »
« Sa dignité, sa gentillesse vis-à-vis de tous, une forme de civilité m'apparaissent encore aujourd'hui comme la plus belle victoire contre un système concentrationnaire prévu pour nous humilier et nous réduire à un état quasi bestial.
Même s'il savait que sa mère et sa sœur, comme la plupart des déportés de leur convoi, avaient été gazées dès leur arrivée à Auschwitz, Paul n'a jamais sombré dans le désespoir. Il voulait à tout prix vivre. Comme tous mes camarades de Bobrek, c'était une chance d'être envoyé dans ce kommando.
Amoureux d'une jeune fille qui faisait partie de notre petit groupe de femmes, Paul a renoncé à s'évader durant la marche de la mort, ne voulant pas la laisser en danger derrière lui. Elle ne voulait pas le suivre parce qu'elle avait l'espoir de retrouver son frère, également déporté.
Paul l'a retrouvée au camp de Gleiwitz où nous nous sommes arrêtés avant notre embarquement dans les trains. Cette idylle avec cette jeune fille nous a tous marqués. Nous étions tous émus par l'amour de ces deux jeunes gens. Cette histoire romantique nous montrait que même au camp il y avait encore place pour les sentiments purs et désintéressés. Elle m'apporta une part de rêve qui nous faisait tellement défaut dans notre vie misérable.
Lorsqu'en 1945, l'armée soviétique approchant d'Auschwitz, nous fûmes tous poussés sur la route dans une longue marche forcée vers l'ouest, Paul n'hésita pas à prendre le risque de sauter du wagon avec un de ses camarades dans l'espoir de se cacher jusqu'à l'arrivée des soldats russes.
Il savait que, s'il était retrouvé par les SS ou dénoncé par des habitants de la région, il serait abattu sur place.
Après quelques jours d'errance et de danger dans la zone des combats, il a été libéré. Il a ainsi échappé à un transport de plusieurs jours en wagon découvert, par un froid glacial au cours duquel beaucoup de déportés sont morts, de faim et d'épuisement.

Cette évasion, jugée trop risquée par la plupart, a permis à Paul de réduire de quelques mois sa déportation. Des mois pendant lesquels le typhus et la faim ont provoqué la mort d'un grand nombre de déportés, très peu de temps avant la fin de la guerre. Il avait eu l'instinct de se dire : "J'ai une chance, maintenant, tout de suite, je dois la saisir." »

David Teboul

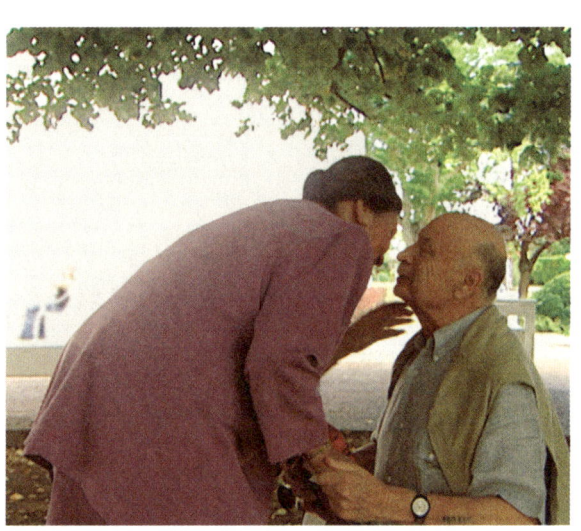

_{Simone} Je vois ton numéro tatoué sur l'avant-bras. Il apparaît très nettement.

_{Paul} Mon tatoueur avait une « belle écriture ».
C'est un travail très propre.

_{Simone} Tu n'as pas de triangle en dessous ? Moi j'en ai un, encore visible. Mais j'ai la peau plus mate, mon numéro est moins apparent que le tien.

_{Paul} Je l'ai écrit dans mon livre, mon numéro se compose de trois chiffres qui se répètent : 160610.
    Lorsque les Français devaient prononcer leur numéro en allemand, c'était une torture pour eux.

    La langue allemande, de façon générale, était une torture pour ceux qui ne l'avaient pas apprise. Au moment où nous avons transformé la briqueterie en usine, mon kommando de travail devait aussi chanter en allemand.

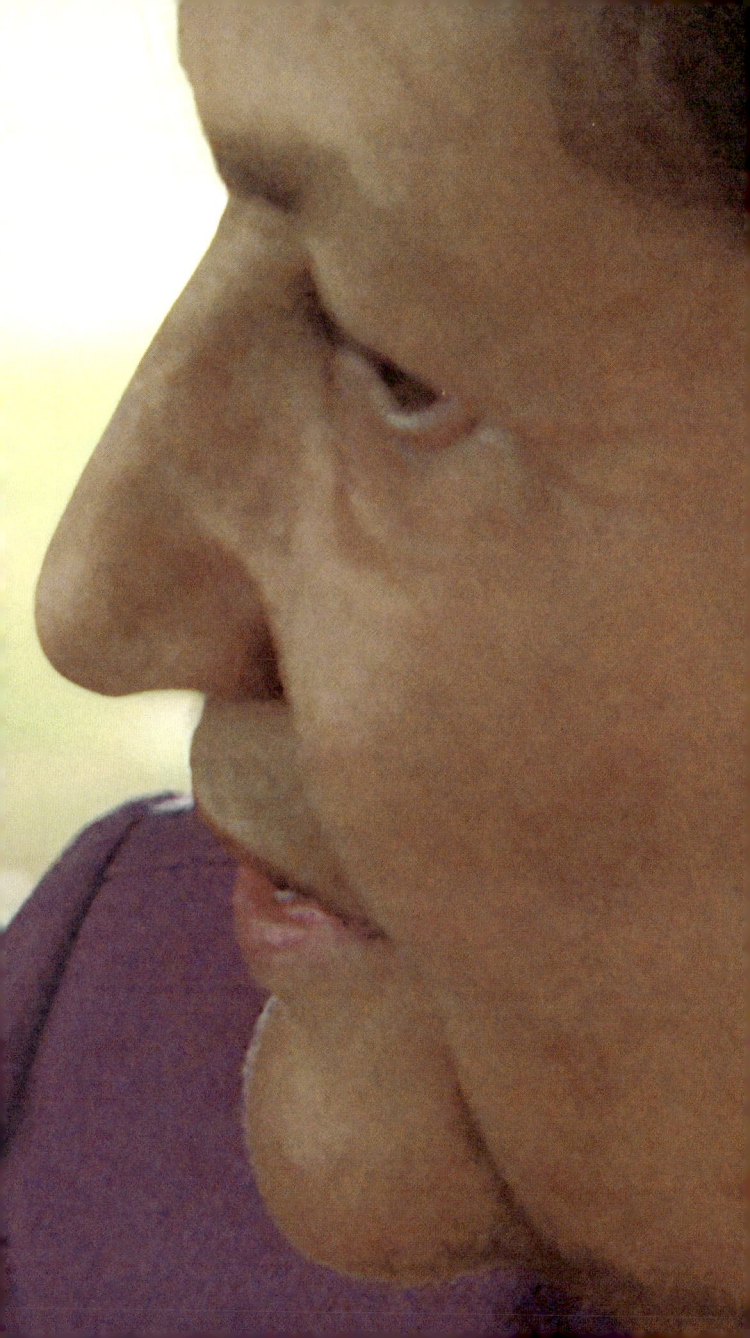

Simone   À quel moment est-ce devenu une usine ?

Paul   Entre novembre 1943 et mars 1944.
       Tous les jours, nous quittions Birkenau pour construire cette usine à la place de la briqueterie. C'est à ce moment-là qu'il fallait chanter. Pour ceux qui connaissaient l'allemand, c'était facile, même si nous étions épuisés par la journée de travail.
       En revanche, ceux qui ne prononçaient pas bien les paroles recevaient des coups. Ce chant était une épreuve redoutable. Nous étions cependant moins mal traités que d'autres, car Siemens tenait à ce que l'usine soit construite dans les temps.

Simone   Est-ce le kommando de travail que j'ai connu ?

Paul   Le premier groupe affecté à la construction de l'usine comptait cinquante personnes.
       Lorsque nous avons terminé la construction et intégré le camp de Bobrek, nous n'étions plus que vingt. En l'espace de quelques mois, notre chef de block, un nommé Bednarek, s'était chargé de nous « maintenir en forme » à coups de schlague.
       Il nous infligeait ce qu'il appelait des « exercices de gymnastique », en général à minuit.

Simone   Est-ce de cette façon que la plupart sont morts ?
       Y a-t-il eu aussi les épidémies, la dysenterie, le typhus ?

Paul   Il y a eu la dysenterie, les coups et toute une série d'autres causes. Ceux qui étaient trop maigres partaient dans la sélection.
       Un seul y a échappé.
       Parce qu'il appartenait à la firme Siemens.
       Celui-là a survécu.

Simone   Quand avez-vous été transférés à Bobrek ?

Paul   Au mois d'avril 1944.

Simone   N'y avait-il alors que des hommes dans votre groupe ?

Paul   Il y avait déjà quelques femmes.

Dès notre arrivée, nous avons eu le sentiment que la vie n'allait pas se dérouler dans les mêmes conditions qu'à Birkenau. Le camp était beaucoup plus petit et le comportement général des gardiens n'était pas le même, notamment en raison de la présence des civils allemands.

Et puis, la fin de la guerre était proche. Lorsque nous avons appris la libération de Paris, le commandant de Bobrek nous a tenu ce discours : « Je sais que vous vous réjouissez de la libération de Paris, mais ne croyez pas pour autant que l'Allemagne a perdu la guerre.

Sachez simplement que je suis au courant de tout. Je sais tout. J'en sais plus que le bon Dieu. »

Simone   C'était Lukaschek ? Au moment où nous sommes parties, le 18 janvier 1945, et que nous nous sommes retrouvées à Gleiwitz, il a joué un jeu très ambigu.

Je crois qu'il a même essayé de partir.

Paul   Il avait une peur bleue du front russe. Il craignait aussi d'être révoqué pour une faute quelconque. À Bobrek, les déportés redoutaient d'être envoyés à Auschwitz et les SS, d'être envoyés à l'Est.

Simone   Lukaschek semblait très pessimiste et conscient de l'issue de la guerre. On disait aussi qu'il était *Volksdeutscher*, pas complètement allemand. Il ne s'acharnait pas sur nous autant que les autres.

Paul   Sans doute cet acharnement n'amusait-il plus autant les SS qu'au début de la déportation.

Simone   Je te trouve optimiste. À Birkenau, ils se sont acharnés jusqu'au bout.

Paul   C'était sans doute l'effet du grand nombre.

Simone   Sur la route de l'évacuation, lorsque nous marchions, ils ne faisaient pas de quartier.

Paul   Ils avaient reçu des ordres. Ils devaient tirer sur les traînards.

Simone   Lorsque quelqu'un tombait, il leur était pourtant facile de lui laisser sa chance. Personne n'allait regarder si les soldats et les SS laissaient derrière eux des morts ou des mourants.

Paul   À leur tour, ils avaient peur.
    À Bergen-Belsen, les SS sont restés très agressifs jusqu'à la fin. Pour en revenir à Lukaschek, je crois que lui, justement, ne s'acharnait pas sur les déportés. On lui avait attribué ce poste de commandement et il s'était mis peu à peu à faire comme les autres.
Tu te souviens d'Anatole, ancien prisonnier russe qui s'était retrouvé à Bobrek ? Il ne cessait de parler politique et, pour employer les termes des SS, de « faire de la propagande ». Il ne travaillait pas à l'usine, mais au terrassement. Lukaschek aurait eu cent fois l'occasion de le rouer de coups ou de le renvoyer à Auschwitz. À Birkenau, Anatole n'aurait pas tenu longtemps.
    Ce régime moins répressif était aussi lié au petit nombre. Je me souviens de ton groupe de travail, auquel Anatole appartenait. Tu portais sans cesse de la terre sur une sorte de brancard. Il était étrange de voir ces jeunes femmes déplaçant une si lourde charge de terre. Tu étais très entourée par les autres. Je sentais que tu éveillais la sympathie de tes camarades. J'avoue que votre arrivée au camp de Bobrek n'était pas passée inaperçue.
    Toi et ta sœur étiez belles. Ta mère impressionnait par sa dignité. D'une façon générale, la présence de femmes à l'intérieur de ce camp où régnaient la misère et la tristesse était pour nous un réconfort. Surtout lorsque ces femmes n'étaient pas déportées depuis trop longtemps et qu'elles avaient encore figure humaine.
Nous retrouvions un lien avec le monde extérieur. J'avais déjà une longue expérience des camps. J'ai aussitôt compris que vous étiez des personnes éduquées et cultivées, issues d'un certain milieu. Malgré vos vêtements misérables, votre dignité s'imposait immédiatement.

Simone   J'aurais aimé que ce travail soit du jardinage, mais cela consistait à aplanir des terrains, comme à Birkenau.

Comme si les SS avaient voulu y construire un tennis. Le moindre caillou devait être enlevé. Le résultat devait être parfaitement plat.

Cela n'a jamais servi à rien.

Paul   En quarantaine, nous devions déplacer des pierres, défaire une montagne de pierres pour en édifier une autre. On appelait cela des « séances d'éducation ».

Elles étaient destinées à nous apprendre à vivre dans le camp.

Simone   Moi aussi, j'ai déplacé des pierres lorsque j'étais en quarantaine.

Paul   Pour faire face à tous ces travaux, il fallait beaucoup d'adresse. Vider un camion de charbon, par exemple, cela n'a l'air de rien, mais cela demande un savoir-faire. Il y avait aussi le déchargement du sable. Tout cela sous la surveillance des kapos et des SS.

Simone   Ce qu'il y avait de plus dur pour nous, les femmes, c'était de porter les rails. J'en ai transporté à des endroits où il n'y a jamais eu de voie ferrée. Je n'ai jamais compris la finalité de ces travaux. J'étais devenue un très bon maçon.

Paul   J'ai tourné des pièces pour Siemens sans jamais comprendre à quoi elles pouvaient servir.

Simone   Eh bien, moi, j'ai eu droit à des explications. Ces pièces s'appelaient des tarauds, elles servaient à forer le pas de vis. Il s'agissait d'un travail de haute précision. Je n'étais pas très douée.

Paul   Je suis devenu un assez bon tourneur. La première fois, je me suis trompé de dix millimètres, ce qui était énorme. L'Allemand qui dirigeait les travaux m'a dit : « Une seconde erreur, et tu repars à Birkenau. » Il n'y a pas eu de seconde erreur. Il fallait être extrêmement attentif et apprendre le métier très vite.

Après-guerre, j'ai revu ce responsable de la main-d'œuvre étrangère de Siemens. Je lui ai demandé quels étaient les critères de son choix. Il m'a répondu : « Je vous ai choisi non pas pour ce que vous étiez mais pour ce que je pouvais faire de vous, et vous êtes devenu un bon tourneur. »

Simone   Nous, les femmes, étions considérées comme inutilisables, et tant mieux ! Nous étions favorisées. Notre travail était très dur, mais il n'y avait pas de brimades systématiques.

Paul   Quand je parle de Bobrek à des camarades déportés dans d'autres camps, ils ouvrent grand les yeux. C'était l'un des rares camps de cette nature.

Simone   À l'usine, nous avions la possibilité de nous adresser la parole. Le dimanche également.

Paul   Pour la première fois au cours de ma déportation, un dimanche sur deux, nous ne travaillions pas. Jusqu'alors, j'avais travaillé tous les jours.

Simone   Nous commencions à 6 heures ou 7 heures, avant le lever du soleil.

Paul   À Birkenau, je n'aurais pas pu tenir aussi longtemps.

Simone   Pour la marche d'évacuation, nous étions certainement en meilleur état que la plupart. Cela nous a sauvés. Tu t'es évadé un peu plus tard. Parle-moi de ton évasion.

Paul   Je l'avais déjà planifiée. Nos quelques heures de liberté hebdomadaires nous permettaient de penser à autre chose qu'au camp. Je pensais que l'occasion de m'évader me serait donnée par un bombardement ou par quelque chose d'autre, d'imprévisible, mais je n'avais pas imaginé une évacuation.

Simone   Moi non plus, je ne pensais pas qu'ils nous évacueraient. Je pensais qu'ils nous ramèneraient à Auschwitz et qu'ils nous feraient disparaître. À ce moment-là, nous imaginions que les Russes allaient surgir dans les quarante-huit heures.

Paul   Ils avaient perdu le contrôle de la situation.
Ils ne savaient pas comment se débarrasser des dizaines de milliers de détenus de Birkenau. C'est vrai qu'il n'était pas facile de s'en débarrasser. Ce qui m'a frappé, c'est que les Allemands nous ont ramenés en Allemagne, alors même qu'ils avaient dépensé des milliards pour que l'Allemagne soit *Judenrein*, c'est-à-dire sans Juifs !

Simone   C'est l'une des questions que je me suis souvent posée.
Ils auraient pu nous achever sur place avec quelques mitrailleuses, en prenant seulement le risque de ne pouvoir faire disparaître les cadavres, de ne pouvoir les brûler.
Eux-mêmes avaient très peur d'être capturés. Or, le fait de nous emmener avec eux leur faisait perdre énormément de temps. Ils auraient pu évacuer leurs propres troupes par le train.
    On avait donc l'impression qu'il y avait d'une part la logique militaire et, d'autre part, les instructions concernant les camps. Ils avaient reçu l'ordre de ne pas laisser de déportés derrière eux et cet ordre l'emportait sur les autres. Au mois d'avril 1945, les trains et les routes étaient absolument nécessaires au matériel, aux soldats ou aux populations allemandes. Or, ils ont surtout servi aux déportés. As-tu connu ces trains ?

Paul   Je suis monté dans le train à Gleiwitz, mais j'ai réussi à sauter de ce train à peu près une heure plus tard.

Simone   De très nombreux trains sont partis de Gleiwitz.
Il y avait énormément de monde à évacuer. Ce n'étaient pas des wagons pour voyageurs, ni même des wagons à bestiaux, mais des wagons à charbon.

Paul   Pour nous, il s'agissait aussi de simples wagons à charbon.
Il restait à l'intérieur de la poussière de charbon recouverte de neige… Ce que tu dis de cette priorité donnée à l'évacuation des déportés est aussi vrai de l'envoi en déportation, car les envois ont continué jusqu'à la dernière minute, alors que les Allemands avaient besoin des trains pour acheminer du matériel ou des hommes.

Simone Oui, mais ce trafic était moins dense que celui de l'évacuation. Dès le mois d'octobre 1944, nous avons eu l'impression de la débâcle. J'ai même vu des chameaux sur cette route de Cracovie qui longeait le camp. C'étaient des prisonniers soviétiques d'Asie centrale.
Es-tu monté une fois sur le talus de l'autre côté de la route.
Savais-tu que la Vistule était juste de l'autre côté ?

Paul Non, je n'y suis pas monté.
À Bobrek, ma seule préoccupation était de garder ma place au travail. Je pensais aussi à mon amour, Bluma.

Simone Le soldat de garde, je ne sais plus sous quel prétexte, m'a autorisée à monter sur le talus. Pas tout à fait jusqu'en haut, bien sûr. J'ai donc pu voir que nous étions entre la route et la Vistule.

Paul L'emplacement géographique de Bobrek était beaucoup plus favorable que celui de Birkenau. Le terrain de Birkenau était marécageux et boueux.

Simone Et puis il y avait cette odeur terrible. Pas un brin d'herbe. À Bobrek, il y avait des arbres. Pendant ce dernier hiver très froid, enneigé, j'ai le souvenir de ces arbres pris dans le givre.

Paul À Birkenau, il n'y avait ni fenêtres ni arbres. C'était la fin du monde, alors que Bobrek était en quelque sorte proche du monde.

Simone C'était un camp d'internement, très dur, mais il n'était pas conçu comme un camp de la mort.

Paul Il ne faudrait pas que l'on puisse croire que Bobrek était représentatif de l'univers concentrationnaire. Seules environ deux cent cinquante personnes ont pu en bénéficier, alors que des millions de déportés ont connu l'enfer. Ils ne pouvaient même pas imaginer Bobrek. Les survivants de Bobrek ont eu une chance de survivre.

Simone   Maman, Milou et moi sommes parties pour Bergen-Belsen ensemble. Là, les chances de survie étaient beaucoup plus faibles. Le typhus sévissait. L'épidémie a continué après la libération par les Britanniques. Ceux-ci ont brûlé les baraques au lance-flammes.
Beaucoup de déportés sont rentrés très malades et certains sont morts en France. À l'arrivée de l'armée britannique, il y avait une baraque abritant plus de huit cents personnes.

Six cents sont mortes peu après la libération.

Les Britanniques ne s'attendaient pas à ces découvertes. Ils n'avaient rien à nous donner à manger.

Paul   Lorsqu'on dit que les Alliés ignoraient notre existence, cela me laisse très sceptique. Comment, au cours d'une guerre, peut-on ignorer ce qui touche des millions d'êtres humains ?

Simone   J'en suis aussi convaincue que toi.

Beaucoup plus de gens qu'on ne le dit connaissaient l'existence des camps. Il y a eu des visiteurs, des gens qui sont ressortis avec des films. Ceci dit, personne ne pouvait imaginer ce qu'étaient Birkenau ou Bergen-Belsen au moment de leur libération.
J'étais là lorsque les premiers chars britanniques sont entrés dans Bergen-Belsen. Je travaillais dans un block qui se trouvait juste à l'entrée du camp. J'ai donc pu voir leur réaction, la façon dont ils nous regardaient. Ils se demandaient d'où nous sortions et quel était ce paysage dantesque. Si certains étaient au courant, personne n'imaginait l'ampleur de cette réalité.

Les Britanniques ont été complètement pris de court. Le commandant de l'opération a demandé sa mutation au bout de quelques jours. Il se sentait dans l'incapacité de faire quoi que ce soit, en dehors de la distribution de rations.

Pour nous, les rations britanniques étaient pratiquement inconsommables. Heureusement, il y avait des fermes dans la région. Après la libération du camp, les soldats français nous ont apporté des cigarettes et nous nous en sommes servies pour faire du troc.
Ma sœur Milou paraissait mourante, elle ne pouvait rien manger. Quant à moi, malgré la quarantaine et l'interdiction

absolue de sortir, je passais sous les barbelés avec quelques camarades. Nous allions échanger ces cigarettes contre du lait ou des pommes de terre.

Plus tard, comme les baraques du camp avaient été brûlées, on nous a relogées dans des casernes auparavant occupées par des SS hongrois. Nous y couchions par terre sur des paillasses ou des matelas. Il nous est alors devenu plus facile de sortir. Je me suis donc aventurée à la recherche de nourriture. Cette région avait été très peu touchée par la guerre. Les troupes alliées l'avaient traversée rapidement et sans y provoquer de destructions.

Nous avions beau être des jeunes femmes et ne pas porter d'armes, lorsque nous arrivions dans les fermes, les gens avaient peur. Et ils n'étaient pas prêts à nous offrir quoi que ce soit : ils exigeaient quelque chose en retour. Les cigarettes données par les Français devenaient notre monnaie d'échange. Le problème, c'était de pouvoir rentrer au camp ni vu ni connu.

Une fois, nous nous sommes retrouvées face aux soldats anglais. Le souvenir des SS était encore tout proche.
Nous nous sommes dit : « Ils vont nous mettre en prison. » Ils ne nous ont pas mises en prison, mais nous ont bien fait comprendre que nous avions commis un crime en sortant du camp. Je ne sais pas si c'était à cause du typhus ou du désordre que cela représentait.

La situation était vraiment paradoxale.

Cela faisait plusieurs semaines que le camp était libéré. Nous cherchions simplement de quoi manger, nous n'obtenions rien gratuitement, nous étions obligées de donner les cigarettes en échange. Nous avions tellement peur de nous faire prendre que c'est à peine si nous osions sortir pour survivre. Tout cela s'est prolongé un mois, avec la peur omniprésente du typhus.

Paul   À l'époque, ceux qui libéraient les camps ne comprenaient pas l'ampleur de ce qu'ils découvraient. Que ce soit Bergen-Belsen ou Auschwitz, c'était effectivement inimaginable.
Le même phénomène d'incompréhension a joué à notre retour, avec la difficulté de témoigner, de transmettre.

En France, ce que nous racontions paraissait invraisemblable et les gens ont eu du mal à le croire.

Simone   Ce qui était encore plus invraisemblable, c'était l'état des déportés. Beaucoup pouvaient à peine tenir debout. Certains étaient devenus des squelettes, ils pesaient parfois trente kilos, parfois moins. Ils étaient à moitié aveugles, ils titubaient. Ces cas désespérés étaient appelés les « musulmans ».

Aujourd'hui, lorsque les gens vont à Birkenau ou à Auschwitz, ils voient l'étendue des baraquements, ils observent un certain nombre de choses, mais on est loin de la transmission d'une expérience. Lorsque les jeunes disent qu'ils « imaginent », ils n'imaginent rien du tout. Cela reste inimaginable.

Paul   À mon sens, il est heureux qu'ils ne puissent pas l'imaginer, parce que les individus qui seraient capables de se représenter une telle réalité seraient des individus dangereux.

Simone   Aujourd'hui, les gens pensent qu'il s'agissait d'une addition de fatigue, de travail, de coups, de faim et de soif. Ils s'imaginent la vie des camps comme un cumul de tout cela. Ce qu'ils ne perçoivent pas, c'est l'humiliation totale, l'incohérence absolue que nous subissions chaque jour. Nous ne savions jamais ce qui pouvait nous arriver. Nous ne savions jamais ce qu'on attendait de nous.
Aucune règle n'était fiable et sûre. Ces pierres que nous transportions, nous avions beau les choisir du bon calibre, les porter comme il fallait, à tout moment, un kapo qui trouvait qu'on ne creusait pas assez vite pouvait nous prendre la pioche des mains et nous l'abattre sur la tête. Ce pouvait être dans un accès de sadisme ou simplement pour rire.
À chaque instant, le pire pouvait arriver.

Paul   Leur but était de nous déshumaniser.

Simone   Cette déshumanisation reposait sur des choses qui semblent anodines, par exemple le fait de ne pas avoir de gamelle, ou d'avoir une gamelle pour trois, ou encore d'avoir une gamelle mais de ne pas avoir de cuillère.

Toutes les trois, Maman, ma sœur et moi, nous mangions ensemble dans la même gamelle rouillée. Cela ne nous dégoûtait pas.

Mais sitôt que nous commencions à manger, quelqu'un pouvait passer et nous arracher la gamelle des mains.

Paul Ce qui m'attriste, c'est de penser que notre expérience et le prix si élevé que nous avons payé n'ont pas servi à rendre l'humanité un tant soit peu meilleure, plus pacifique, plus respectueuse d'autrui.
Je ne sais même pas si nous avons été capables de transmettre cette expérience aux autres. Je crois que nous l'emporterons avec nous. Soixante ans plus tard, ce que je vois m'horrifie.
   Pourquoi avons-nous payé si cher ?
   Pour un monde qui est toujours aussi violent,
aussi agressif.

Simone Je crois que le monde est violent en soi.
   Les passions et les intérêts y règnent, avec leur lot d'ostracismes ethniques, raciaux et sociaux. Si l'on considère les grandes catastrophes qui ont eu lieu depuis la guerre, elles se sont à chaque fois présentées sous une forme et dans un contexte différent, de sorte que la communauté internationale n'a pas été en mesure de les éviter.
   Sans revenir sur les génocides antérieurs, comme celui des Arméniens, je pense simplement au Cambodge. La situation politique interne du pays a déclenché le génocide cambodgien. Cet événement ne ressemblait à rien de connu. Personne n'a compris, personne n'a rien fait, personne n'a rien pu faire. C'est l'un de mes grands remords. Je me souviens très bien du jour où la femme d'un officier français m'a parlé de ce qui se passait à Phnom Penh. Beaucoup de gens trouvaient alors ce régime formidable.
Je n'en croyais pas un mot, mais j'étais loin d'imaginer la réalité : ce régime était notamment en train de démolir le système de santé et de détruire les hôpitaux. Lorsqu'on m'a dit que les Khmers rouges avaient tout cassé à l'hôpital de Phnom Penh et qu'ils tuaient les malades, cela m'est apparu inimaginable. Au bout de quelques jours, je me suis rendu compte que c'était vrai. On a beau savoir d'expérience que tout peut arriver, on reste pris de court.
   Je pense aussi aux massacres du Rwanda et du Liberia.

À nouveau, nous avons été dans l'incapacité de prévenir l'événement. À chaque fois, c'est la même chose : lorsque les événements se déchaînent, il est déjà trop tard.

En de telles circonstances, seules les Nations unies devraient avoir la capacité d'intervenir. Hélas, le consensus y est difficile et elles ne disposent pas de la puissance nécessaire. Au Rwanda, dès lors que la population a commencé à se disperser dans la forêt, il était déjà trop tard.

Paul   En quoi l'expérience que nous avons vécue a-t-elle servi aux gouvernants d'aujourd'hui ?

Simone   Lorsque je veux être optimiste, je me dis qu'au moins cela a servi de leçon aux Européens dans leurs relations les uns avec les autres. Cela fait soixante ans qu'il n'y a pas eu de guerre en Europe, si l'on excepte le conflit de l'ex-Yougoslavie.

Et ce conflit a éclaté dans des conditions qui étaient difficilement prévisibles et difficiles à arrêter.

David   Rétrospectivement, une chose me paraît très surprenante : la position de la Croix-Rouge pendant la Seconde Guerre mondiale. On sait que les Alliés étaient informés de ce qui se passait dans les camps. Or, on a le sentiment que ce n'était pas une priorité pour eux. La condition des déportés, en particulier celle des Juifs dans les camps, n'était pas leur préoccupation première.

Ils faisaient une distinction très marquée entre les opérations militaires – leur priorité – et la condition des déportés.

Paul   Il me semble que ce n'est pas comme ça qu'il faut voir les choses. La question n'était pas la priorité accordée à tel ou tel enjeu de la guerre. Parmi les chefs d'État alliés, certains ont eu vraiment peur qu'on leur reproche de faire la guerre pour les Juifs. La question du sort des Juifs a donc été passée sous silence. Churchill ou Roosevelt estimaient dangereux qu'on puisse leur reprocher que de jeunes Américains meurent pour une cause qui n'était pas la leur.
Alors qu'il s'agissait simplement d'une cause humaine, une cause de civilisation.

Simone   Je ne crois pas qu'ils aient poussé le raisonnement jusque-là. Nous sommes un peu déformés par certaines situations contemporaines. Il est certain que la condition des déportés n'était pas la priorité des Alliés. Même s'ils étaient informés d'un certain nombre de choses, ils n'ont jamais imaginé qu'il puisse s'agir de massacres aussi importants. Ils ne disposaient pas d'éléments donnant à penser que toute la population juive était systématiquement exterminée.

Effectivement, leur priorité était la fin de la guerre. Dans la situation où ils se trouvaient en 1944, il me semble que la victoire sur les Allemands était leur seul but.

En 1942, Stalingrad a envoyé un premier signal, mais cette victoire n'a pas changé le cours de la guerre. Très longtemps, les Allemands ont cru pouvoir tenir. Les Alliés ont mis du temps à inverser le rapport de force. En juin 1944, le débarquement de Normandie a failli échouer.

S'il avait échoué, il aurait fallu attendre des années. Pour les Alliés, la partie n'a jamais été facile, l'issue de la guerre est restée longtemps incertaine.

Fallait-il bombarder les voies qui conduisaient vers les camps ? Après coup, il est facile de tenir ce genre de raisonnement. Il est arrivé que les camps eux-mêmes soient bombardés. Les bombes tombaient souvent à côté et, lorsqu'elles touchaient leurs cibles, tout était reconstruit extrêmement vite.

David   Tout de même, ce qui surprend aujourd'hui, à mesure que les recherches avancent, c'est le peu d'intérêt que les Alliés, et, d'une façon générale, les non-Juifs, ont accordé à la disparition des Juifs.

Simone   En Pologne, il semble qu'il y ait eu plusieurs réseaux de Polonais non juifs pour essayer de faire sortir des gens du camp et des ghettos. Ils ont cherché à prendre en charge au moins les enfants, mais pas seulement. Les risques étaient considérables. Les réseaux qui cherchaient à secourir les Juifs avaient aussi besoin d'argent, de moyens matériels. Ces réseaux polonais étaient semble-t-il en liaison avec les Britanniques.

Il n'était pas très difficile de leur faire passer de l'argent depuis la Grande-Bretagne. Or, cela n'a pas été fait. La plupart du temps, le soutien financier n'a pas eu lieu, alors même qu'il y avait de grosses fortunes juives en Grande-Bretagne et aux États-Unis. La solidarité a été faible. En 1938-1939, des bateaux de réfugiés ont été refoulés aux États-Unis. Donc certaines parties de l'opinion étaient au courant. Aujourd'hui, on est parfois très sévère, à juste titre, avec l'attitude des Européens.

Ainsi, plusieurs choses ont joué simultanément.

Avant-guerre, il est certain qu'on n'a pas accordé la priorité à la situation des Juifs. La conférence d'Évian, en 1938, le montre bien. On savait ce qui se passait alors en Allemagne, et les Américains n'ont pas accordé de visas. Les bateaux qui traversaient l'Atlantique ont été renvoyés. À leur retour en Europe, tous les passagers ont été déportés. Sur tous ces points, je partage votre analyse.

La prise de conscience n'a pas eu lieu. J'y ajoute cependant ce point fondamental : à partir du moment où les Alliés se sont retrouvés dans la guerre, la priorité a été donnée à l'aspect militaire.

Paul   Le sauvetage des Juifs n'était pas la priorité des Alliés, c'était un objectif incompatible avec les opérations militaires.

David   Aujourd'hui, rétrospectivement, je dis bien rétrospectivement, on a le sentiment que les Juifs ont été lâchés par les Alliés et par la Résistance.

Simone   Vous ne pouvez pas dire cela. D'abord la Résistance française ignorait une partie de la réalité de la déportation des Juifs. Elle ne comprenait pas ce que cela représentait. Ensuite, elle trouvait qu'il était plus important de lutter contre l'occupant nazi et cela, quelles que soient les tendances politiques des mouvements résistants. Ce sont d'autres réseaux qui sont venus en aide aux Juifs. La plupart du temps, ils ne se sont pas mélangés aux résistants, car pour les réseaux de Résistance proprement dits, cela aurait représenté un énorme risque supplémentaire.

Vous avez aussi parlé de la Croix-Rouge. Pendant longtemps, la Croix-Rouge s'est effectivement contentée d'illusions. Elle n'a quasiment pas envoyé de visiteurs en mission. Il a fallu attendre des décennies pour qu'une enquête sérieuse soit menée sur l'attitude de cette organisation. On sait maintenant que c'est en 1942 ou 1943 qu'ils en ont délibéré. Pour finir, ils ont décidé de ne rien faire. Selon eux, les Juifs n'étaient pas protégés par les conventions de Genève.

La Croix-Rouge estimait qu'elle n'avait pas à prendre en charge la situation des déportés. Ensuite, ils ont longtemps nié qu'ils connaissaient au moins une partie de la réalité. Ils n'ont pas rendu ces délibérations publiques. Pour ma part, j'attends aussi la publication des archives du Vatican sur cette période. Le Vatican était informé d'un certain nombre de choses.

Paul   La Croix-Rouge a d'une certaine manière participé à la tragédie. Une petite partie du camp d'Auschwitz était une vitrine. Les visiteurs de la Croix-Rouge ont visité cette vitrine. Ils n'ont pas demandé à visiter le reste du camp.

David   C'est à Theresienstadt et non à Auschwitz qu'une visite du responsable de la Croix-Rouge a eu lieu.

Ce responsable suisse a visité le camp et n'a absolument rien vu. Les nazis ont travaillé près de six mois pour préparer cette visite.

Ce monsieur n'a posé aucune question. Il y a un film de Claude Lanzmann à ce sujet, *Un vivant qui passe*.

Le visiteur de la Croix-Rouge a rencontré le commandant d'Auschwitz, mais la visite n'a lieu que six mois plus tard, à Theresienstadt. Ce camp s'était transformé en camp modèle. On y avait concentré des élites. En temps normal, c'était seulement un camp moins dur que Birkenau.

Paul   À Theresienstadt, les familles n'étaient pas séparées. Les enfants restaient avec les parents. Ce n'était pas une mince différence.

Simone   Les déportés y étaient souvent des Juifs allemands qui appartenaient à l'élite intellectuelle et culturelle. Beaucoup peignaient et dessinaient. Un certain nombre de ces dessins et de ces peintures étaient envoyés en Allemagne pour y être vendus à bon prix, étant donné la notoriété des artistes. Il y avait aussi des musiciens.
Parmi les déportés, certains Juifs allemands s'étaient convertis au christianisme. Depuis la guerre, et même depuis la fin du XIXe siècle, ils étaient devenus protestants, ne serait-ce que pour accéder à la fonction publique. Un certain nombre de « demi-Juifs » ou de conjoints de couples mixtes furent aussi envoyés à Theresienstadt. Après la libération, on y a retrouvé des dessins et des tableaux d'une grande qualité, réalisés clandestinement, qui représentaient la vie du camp et qui ont été aujourd'hui publiés. À Prague, j'ai vu une exposition de dessins d'enfants de Theresienstadt. Ce fut l'un des derniers camps libérés. Les Soviétiques n'y sont rentrés qu'en mai 1945. Entre-temps, un grand nombre de déportés avaient été envoyés à Auschwitz, exterminés à leur arrivée, tandis que Theresienstadt se remplissait de déportés venant d'autres camps.

Paul   On voit aujourd'hui que les leçons de cette époque n'ont pas été tirées.

À bien des reprises depuis 1945, la Croix-Rouge s'est abstenue d'intervenir dans des situations d'extrême violence de masse.

Simone Il y a une raison à cela. Les statuts de la Croix-Rouge, qui datent d'Henry Dunant, sont très précis. Ses missions sont encadrées par des règles strictes et s'appliquent à des situations clairement définies. Cela peut sembler limitatif, mais pour ce qui est des prisonniers de guerre, par exemple, la Croix-Rouge joue son rôle. Elle n'intervient que dans des situations de conflit.

Toutes les organisations internationales ont les mêmes limites. Le même problème se pose avec les soldats des Nations unies.

Les soldats de la Forpronu n'ont pas toujours le mandat pour intervenir. Ces organisations ont été créées par des textes précis et limitatifs, sans quoi elles n'auraient pas pu naître. Si elles n'appliquent pas leurs propres statuts, elles se mettent en difficulté et font ce qu'elles reprochent aux autres.

C'est aussi le problème qui se pose à certaines ONG. Cette fois, la contrainte est moins liée aux statuts qu'à une situation contraignante. Ces ONG sont tenues à un certain silence sous peine de mettre en danger leurs propres membres. Elles s'abstiennent sur certains territoires, manquent à leur devoir de dénonciation des atrocités, car cela pourrait mettre en péril l'ensemble de leurs activités. Est-ce qu'il vaut mieux s'abstenir de toute mission dans un pays dès lors qu'on n'y est pas complètement libre ?

La question est délicate. Le débat a eu lieu notamment au sujet du Soudan et de la Somalie, mais aussi au sujet de la Tchétchénie.

David Au moment de la libération des camps, n'avez-vous pas été choquée par le traitement réservé par les Alliés à certains déportés ? Les apatrides, par exemple ?

En particulier lorsqu'il s'agissait d'enfants ?

Simone Au moment de la libération des camps, la situation était souvent très difficile. Beaucoup de déportés sont restés pendant des années dans des camps pour personnes déplacées.

La France, en principe, a accueilli tous ceux qui avaient la nationalité française. Ceux qui avaient été déportés à partir de la France étaient aussi autorisés à y revenir. Mais la situation était très confuse.

Je me souviens avoir rencontré un officier de liaison français en mission à Bergen-Belsen. Il posait beaucoup de questions et vérifiait les coordonnées de chacun. On craignait qu'un certain nombre d'Allemands ne profitent de la situation pour s'infiltrer. On disait aussi que des déportés originaires des pays d'Europe centrale ou orientale tentaient de se faire rapatrier dans un pays qui n'était pas le leur.

Enfin, parmi les Juifs, beaucoup auraient souhaité aller en Palestine. Même si, à l'époque, Israël n'existait pas encore, c'était leur seul objectif, leur seul horizon. À Auschwitz, très souvent, j'ai entendu des camarades, notamment des Juives polonaises ou tchèques, dire : « Si un jour je sors d'ici, j'irai en Palestine, je n'irai pas ailleurs. » Elles ont parfois pris le risque de végéter dans des camps de personnes déplacées plutôt que de regagner leur pays d'origine. À l'époque, l'émigration vers ce territoire, sous administration britannique, était strictement interdite. Pourtant, les départs clandestins ont commencé. Il a fallu attendre le drame de l'*Exodus* pour qu'une prise de conscience se produise. Chargé de passagers clandestins, l'*Exodus* a fait un détour par Chypre et y est resté. C'était en 1947.

De façon plus générale, un grand nombre de déportés sont restés très longtemps dans les camps de personnes déplacées.
On peut accuser les Français de ne pas avoir accueilli grand monde, mais il faut resituer les événements dans leur contexte.

Nous parlons soixante ans après les faits et nous avons tendance à oublier la situation de la France à cette époque. Les Français souffraient du rationnement, la vie quotidienne était extrêmement difficile. Certaines régions avaient subi de sévères bombardements. Et je ne parle même pas des troubles politiques intérieurs, de l'épuration, des conflits au sein des familles. La France n'a sans doute pas accueilli autant de déportés qu'elle l'aurait pu. Elle a tout de même accueilli beaucoup de monde, notamment un grand nombre d'enfants de toutes nationalités, ceux qu'on a appelés les « enfants de Buchenwald ». L'OSE a aussi recueilli beaucoup d'enfants dans des foyers. Certains de ces enfants sont restés en France et y ont été scolarisés, d'autres sont repartis.

Plus tard, après la création de l'État d'Israël, certains y sont partis.

On peut comparer l'hospitalité française avec celle des États-Unis. La guerre n'a pas touché les États-Unis comme le continent européen. Sur leur propre sol, les Américains ont été beaucoup plus protégés.

Or, parmi les Juifs déportés, notamment parmi les Polonais, les Tchèques, les Slovaques, beaucoup avaient de la famille aux États-Unis et, pour eux, il n'a pas toujours été facile d'obtenir des visas. Parmi ceux qui n'avaient pas de famille américaine, beaucoup souhaitaient, faute de pouvoir se rendre en Palestine, s'installer aux États-Unis. Pour ceux-là, ce fut encore plus difficile.

Quant à la France, au moment de la libération des camps, elle n'attirait pas spécialement les déportés juifs étrangers, à moins qu'ils n'y aient de la famille. C'est un peu plus tard, dans les années de l'après-guerre, que certains Juifs de l'Est européen ont voulu émigrer en France. En Pologne, en Tchécoslovaquie, dans les Pays baltes, désormais sous domination soviétique, les Juifs survivants n'ont pas toujours été bien traités, loin de là. Dès la fin des années 1940, sous Staline, l'antisémitisme a ressurgi en URSS et les Juifs ont connu de grandes difficultés. C'est alors qu'un mouvement d'émigration vers la France s'est dessiné, dans la mesure où les Juifs arrivaient à sortir de ces pays. La France les a bien accueillis. Ils y ont souvent fait souche.

David   En tant qu'ancienne déportée, comment avez-vous vécu la création de l'État d'Israël en 1948 ?

Simone   Avec une très grande émotion. Avant la guerre, je ne vivais pas dans un milieu sioniste et je n'ai reçu aucune éducation religieuse, je ne connaissais rien à la question de l'implantation juive en Palestine. Ce qui m'a éclairée, ce qui a éveillé mon intérêt, ce fut justement d'entendre parler mes camarades de déportation. Pas tant à Bobrek qu'à Birkenau. À Bobrek, je voyais surtout des déportés venus de France, tandis qu'à Birkenau je me suis retrouvée avec des jeunes femmes d'origine polonaise, tchèque ou slovaque. Leur rêve, c'était d'aller en Palestine. Elles n'imaginaient pas encore un État indépendant. Certains membres de leurs familles y étaient déjà installés.

La guerre de 1948 n'a fait qu'accentuer le désir de partir en Israël, pour se battre. Le fils d'une de mes camarades de Bobrek

a d'ailleurs été tué dans ces combats. Pour eux, Israël était le seul pays d'accueil. Beaucoup de survivants des camps s'y sont installés. Ils ont trouvé ce qu'ils cherchaient.
Avec émotion, j'ai visité un kibboutz pour les anciens résistants du ghetto de Varsovie. J'y ai retrouvé une camarade d'origine polonaise qui m'avait aidée au camp.

David   Comment cette camarade vous a-t-elle aidée ?

Simone   Elle était architecte et avait participé à la Résistance dans le ghetto de Varsovie. Ensuite, elle a été transférée à Lublin avant d'arriver à Birkenau. C'est là que je l'ai rencontrée. Elle parlait un peu français. Elle m'avait procuré une robe en l'échangeant contre une ration de pain. Pas un haillon, pas un bout de tissu complètement déchiré, mais une vraie robe.
   Aussitôt, j'ai retrouvé un peu de dignité.

David   Quel rapport entretenez-vous aujourd'hui avec vos camarades de déportation qui vivent en Israël ?

Simone   Les occasions d'aller en Israël sont nombreuses. J'y ai de très bons amis. J'y suis allée plusieurs fois avec des anciens de Bobrek. Une grande rencontre des survivants a eu lieu il y a quelques années. Au fil des ans, j'y ai vu des changements extraordinaires.
Lors de mon premier voyage, en 1960, la route qui reliait Tel-Aviv à Jérusalem était parsemée de camions brûlés. On n'y voyait pratiquement pas d'arbres.
   Aujourd'hui, c'est une forêt. Ce qui a été accompli est extraordinaire. On voudrait maintenant que ce soit la paix, que chacun accepte les autres, que Palestiniens et Israéliens puissent vivre ensemble. Il n'y aura pas de paix si l'on n'assure pas la sécurité des différentes communautés et si l'on ne fait pas preuve de tolérance.

David   Simone, vous souvenez-vous de Paul Schaffer au camp de Bobrek ?

Simone   J'ai gardé des souvenirs très précis de toi à Bobrek. C'était justement l'un des privilèges de ce camp : pouvoir nouer des vraies relations d'amitié, et plus que cela, de confiance.

Nous parlions beaucoup de nos familles.

Tu me parlais de ta sœur, de ta mère, de ton père que tu espérais retrouver.

Tu parlais aussi de ton enfance en Autriche.

David   Et vous, Paul, quels souvenirs précis gardez-vous de Simone Jacob à Bobrek ?

Paul   Mon principal souvenir, je l'avoue, c'est l'attrait qu'exerçait Simone. Elle était d'une beauté tout à fait remarquable et elle savait se tenir. Cela nous remontait le moral.
Souvent, les déportés venant de France ou de Belgique se distinguaient par leur culture et leur éducation. Simone y ajoutait une certaine dignité. Sa mère inspirait aussi beaucoup de respect. C'était une grande femme, très digne.

Dans les camps, les détenus étaient issus de tous les milieux.

Ceux qui venaient des classes les moins favorisées et les moins éduquées résistaient souvent mieux que les autres. Pour un déporté issu d'une classe privilégiée, habitué au confort, la vie dans les camps était bien plus difficile à supporter.

David   Comment parveniez-vous à vous parler, si les hommes et les femmes étaient séparés ?

Simone   Un dimanche sur deux, nous ne travaillions pas.

Nous nous parlions à travers le grillage… Chacun restait de son côté, mais nous pouvions discuter. Il y avait un déporté nommé Jacques, je me souviens, qui chantait. Il y en avait d'autres. Nous chantions des chansons françaises à la mode quelques années auparavant. Et puis nous restions là, à bavarder. Il y avait d'autres occasions, notamment pendant les travaux de terrassement. Là, nous pouvions parler très librement.
À l'usine, c'était plus difficile. Chacun était affecté à son poste. Les femmes faisaient tourner certaines machines.

Pour ma part, j'y ai travaillé très peu de temps.

Paul   Nous arrivions à nous voir presque tous les jours.

Simone   Nous traînions un peu ici ou là en prétextant un objet à prendre ou une réparation à faire. Il était assez facile de se voir. On nous laissait nous parler. À Bobrek, il y a tout de même eu quelques romances entre déportés. Cela supposait la possibilité de bavarder, de se retrouver. Si j'avais été un peu plus âgée et un peu moins naïve, sans doute aurais-je été plus concernée. J'étais trop jeune et j'avais trop de « principes ».

David   Les femmes subissaient-elles une forme de harcèlement à Bobrek, ou tout au moins de pression ?

Simone   Nous pouvions subir une certaine forme de pression de la part de déportés. Il y avait en effet peu de femmes et surtout peu de jeunes femmes. Cependant, la situation de la plupart des déportés ne permettait pas vraiment d'y penser. Certains tombaient amoureux, mais cela restait le plus souvent platonique. Pour quelques privilégiés cependant, les choses pouvaient être différentes.

Pour ma part, je restais d'une naïveté extraordinaire quant aux relations entre les hommes et les femmes. J'avais dix-sept ans et mon éducation n'avait rien à voir avec celle des jeunes filles d'aujourd'hui. La seule chose qui m'a protégée, c'était la méfiance envers les relations homosexuelles. Au début de ma déportation, des femmes venaient me voir. J'affichais alors un mélange de naïveté, de méfiance et de candeur. Je ne veux pas généraliser cependant.

À Birkenau, les tentations sexuelles ne concernaient que très peu de monde. Cela ne pouvait concerner que les kapos, les chefs de camp, les chefs de block et certains privilégiés du « Canada » ou des bureaux. À Bobrek, un peu plus, car les conditions étaient moins dures.

Dès qu'il y avait un rapport d'autorité, une différence de statuts ou de privilèges cependant, la pression pouvait se faire sentir. Mais je dois dire que les personnes qui m'ont vraiment aidée, y compris Stenia, cette redoutable chef de camp, l'ont fait de façon tout à fait désintéressée. Je n'ai subi aucune pression de la part de Stenia, et encore moins de la part de cette jeune femme architecte que j'ai retrouvée plus tard en Israël. De sa part à elle, c'était de la pure générosité envers des jeunes qu'elle voulait aider.

Plus tard, à Gleiwitz, j'ai connu ce harcèlement dont vous parlez. Je me suis retrouvée parmi des gens de toutes provenances. Il n'y avait pas seulement des Juifs, mais aussi des kapos. Il y avait d'anciens responsables de camp qui avaient connu des situations privilégiées, ainsi que des détenus de droit commun. Certains vivaient dans les camps depuis très longtemps. Ils disaient qu'ils n'avaient pas vu de femmes depuis huit ou dix ans.

Nous ne sommes restées que deux jours à Gleiwitz, à peine plus. Il n'y avait plus de lumière, il n'y avait plus rien. Les quelques femmes que nous étions ont donc subi une pression très forte, très pénible, avec du chantage et des violences éventuelles. Je parle de violences, pas de viols. Certains essayaient de décider une femme à quitter le camp. Nous entendions : « Je vais m'évader, partons ensemble ! » Gleiwitz, dans ma mémoire, est resté comme l'Enfer de Dante. Les gens se sentaient tellement proches de la mort qu'ils étaient prêts à tout. Y compris les SS.

Paul   À Gleiwitz, nous avions le sentiment d'être hors du monde. Après mon évasion, j'ai dû parcourir encore cent kilomètres pour arriver jusqu'à Cracovie qui venait d'être libérée par les Russes. Lorsque j'ai vu une famille polonaise – une famille amie du camarade avec lequel je m'étais évadé –, j'ai été très surpris par la normalité de la situation. Ces gens étaient normalement habillés. Leur appartement était propre. Or, pendant toute la durée de ma déportation, j'avais eu le sentiment que le monde s'était arrêté brutalement. J'étais passé dans une autre dimension. Hier, je disais à ma femme que mon opération récente était ma troisième naissance. Je suis né en Autriche, j'ai connu la renaissance après ma libération. Désormais, j'ai le privilège d'être né trois fois.

En 1945, j'étais très surpris que le monde continue à tourner alors que nous pensions ne jamais revenir.

Simone   Le camp de Gleiwitz évoquait certains tableaux du XVe siècle, avec des viols, des scènes de cauchemar, des tueries, des monstres… Tout était possible.

Un soir, Milou et moi nous sommes écartées de notre block. Quelqu'un a surgi avec un pain en guise de cadeau, mais aussi des menaces. Nous avons eu beaucoup de mal à lui échapper.

Ça a duré deux jours. Les SS attendaient les Soviétiques d'un moment à l'autre. Ils pensaient qu'ils ne s'en sortiraient pas. À côté de cela, les déportés mouraient de faim et les sélections continuaient.

Paul   Dans le cadre d'une commission pour l'histoire de la Shoah, un historien m'a demandé si les SS avaient des relations avec des déportées juives. Je lui ai répondu que c'était hors de question.
Les relations avec une Juive étaient un crime puni de mort.
Le viol par les Allemands était inexistant ou alors très bien caché.

Simone   Une historienne, ou prétendue telle, m'a aussi expliqué un jour que toutes les femmes juives avaient été violées. Or, c'était rarissime. C'est peut-être arrivé dans les *Einsatzgruppen*. À Bobrek, il y avait un contremaître qui venait souvent nous voir. C'était un demi-Allemand, un *Volksdeutscher* de Tchécoslovaquie. Il m'apportait parfois un morceau de pain ou un fruit. Lorsque nous avons été évacués vers Auschwitz, le 18 janvier 1945 au soir, il m'a dit : « Dommage qu'il y ait cette interdiction raciale… »

Paul   Cette interdiction des relations entre les Aryens et les Juifs s'appelait la *Rassenschande*, littéralement la « honte raciale ».

Simone   Ce contremaître me disait toujours « *Schade, schade* », dommage, dommage ! Sans cela, il m'aurait volontiers fait la cour de façon assidue. Entre déportés affamés, cette question comptait vraiment très peu. On pensait à manger, à dormir, on essayait de se reposer cinq minutes, et c'était tout. La pression, je le répète, venait des kapos, surtout lorsque c'étaient d'anciens condamnés de droit commun. Elle s'exerçait sur les déportés les plus jeunes.

À Bobrek, il y avait deux-trois très jeunes gens, âgés de treize ou quatorze ans, dont on disait qu'ils étaient « protégés ». Je ne savais pas jusqu'où allait cette « protection », ce qu'on exigeait d'eux en échange. Il est possible que le *Lagerältester*, ou quelque autre responsable, cherchait juste à leur éviter de mourir.

Plus tard, à Gleiwitz, j'ai rencontré un jeune Hongrois qui était protégé par le *Lagerältester*, un ancien droit commun.

Lorsque des femmes sont arrivées dans le camp, ce *Lagerältester* ne s'est plus du tout occupé de ce jeune Hongrois, et ce garçon ne recevait plus de nourriture. Maman et moi nous sommes occupées de lui.

Il avait froid, il était perdu. Il m'a dit : « Il m'a laissé tomber parce que maintenant il y a des femmes, mais il sera content de me retrouver bientôt. » Donc il y avait aussi des situations de ce genre.

Paul   On pourrait croire que la sexualité dans les camps est un véritable sujet, mais pour nous, ça n'en était pas un. Il y avait de telles préoccupations, une telle crainte de la mort…

Simone   Très peu en avaient vraiment envie. Il n'y avait plus de désir sexuel, sauf pour les privilégiés, ceux qui mangeaient davantage, qui travaillaient moins. Pour tous les autres, ça n'existait plus.

David   Dans ce monde fermé, il y avait des bons et des salauds. Certains de ces salauds ont survécu. Comment l'avez-vous ressenti ?

Simone   Des vrais salauds, il y en avait peu. Parmi les déportés français, je n'en ai pas identifié, ni à Birkenau, ni à Bobrek.

À Bobrek, c'était encore moins probable. Peut-être y avait-il une exception, un Polonais dont on se méfiait beaucoup.

Paul   La notion de salaud n'est pas la même dans notre monde civilisé et dans l'univers concentrationnaire.

Simone   Il y avait des kapos, bien sûr, mais on ne trouvait parmi eux que très peu de Français. Pour pouvoir nuire, il fallait un statut privilégié. Or, les Français n'y accédaient pas, ou très rarement.

Paul   C'était à cause de la langue. Il fallait maîtriser l'allemand ou au moins le polonais.

Simone   On trouvait bien plus de kapos parmi les déportés d'origine polonaise ou slovaque. En plus du handicap de la langue, les Français ont été déportés beaucoup plus tard.

Pour ma part, la seule responsable de camp que j'ai un peu connue était cette Stenia, une Polonaise. Sa réputation était

si épouvantable qu'elle a été pendue après la libération du camp.
J'ai été l'exception, la seule déportée qui ait reçu son aide.

David   C'est la fameuse Stenia qui vous a transférée à Bobrek et qui vous a dit : « Tu es trop jolie pour mourir ici » ?

Simone   Oui, c'est elle.

David   Elle n'a fait ça pour personne d'autre ?

Simone   Je n'ai jamais entendu dire qu'elle ait aidé quelqu'un d'autre.

À propos de responsables subalternes, je voudrais évoquer un contre-exemple et citer un comportement extraordinaire.
Dans les bureaux de Birkenau, il y avait une femme juive francophone, née en Belgique. Elle occupait un petit poste administratif.
Eh bien, en août 1944, alors que j'avais déjà été transférée à Bobrek, elle a tenté de s'évader avec un camarade. Ils ont tenté de rejoindre la Résistance. Ils se sont fait arrêter quelques jours après.
Ils ont été pendus tous les deux, m'a-t-on dit.
Après sa capture, cependant, cette déportée ne s'est pas laissé faire. Elle a tenté de se taillader les veines, mais les SS l'en ont empêchée. Elle est morte en leur tenant tête et en les injuriant. C'est sans doute la seule tentative d'évasion d'une employée subalterne à Birkenau.
Une condition un peu privilégiée comme la sienne donnait au moins l'énergie de mûrir un plan. Quant à nous, nous n'y pensions même pas. Parfois, nous étions trop fatiguées pour manger.

Paul   À mes yeux, les déportés qui ont survécu à Birkenau sont des gens assez exceptionnels. Leur qualité humaine était hors du commun. Simone, sans cette expérience hors du commun, aurais-tu pu accomplir autant de choses ? Serais-tu devenue ce que tu es ?

Simone   Le camp nous a tous profondément transformés. D'autant plus que nous étions très jeunes. Avant ma déportation, j'avais envie de m'amuser, j'étais coquette. J'en suis revenue complètement différente. Je n'avais plus envie de m'amuser. Mon regard sur l'existence n'était plus le même. La hiérarchie des valeurs, le sens de l'importance respective des choses n'étaient plus les mêmes. Désormais, il y avait des choses dont je ne supportais pas que l'on plaisante. Le camp a provoqué notre maturation accélérée. Nous nous sommes mis à réfléchir tout à fait autrement. Nous avons perdu toute illusion. Aujourd'hui, je ne crois pas à ce que les gens essaient de montrer d'eux-mêmes. Je ne me fie pas aux apparences. Cela n'empêche pas un certain optimisme. Dans une même personne, très souvent, le meilleur et le pire coexistent.

Paul   Dès ton arrivée au camp de Bobrek, tu étais déjà très sérieuse, très sévère. On sentait que tu étais consciente de la gravité de la situation. Tu ne souriais pas.

David   Plus tard, la perte de votre mère n'a-t-elle pas changé à jamais votre façon d'être ?

Simone   La mort de Maman, si, bien sûr.
    La mort de Milou, quelques années plus tard aussi.
    Je ne peux pas en parler.
    À la libération, Milou était devenue tout mon univers affectif. Je ne savais pas ce que j'allais retrouver en France, mais Milou était là. Depuis l'enfance, nous avions toujours eu des liens privilégiés. Nous n'avions que quatre ans et demi de différence. Elle était comme un substitut de Maman. Lorsque mes parents sortaient le soir, Maman lui disait : « Tu embrasseras Simone pour moi. » Plus tard, chez les éclaireuses, elle est devenue ma cheftaine. Au camp, lorsque Maman est morte, pendant les deux-trois mois qui restaient, elle a eu sur moi l'autorité d'une mère.

À Birkenau, Marceline Loridan, par exemple, est arrivée très jeune mais sans sa mère. Elle a aussitôt affirmé son indépendance.
Moi je suis restée très soumise à Maman et à Milou.
Elles exerçaient sur moi une véritable autorité.

David   Y a-t-il des choses que votre mère ou votre sœur n'aurait pas supportées de vous ?

Simone   Maman ne m'aurait jamais fait de reproches.
Après la libération, alors que je m'étais emportée contre une autre déportée, ma sœur Milou m'a très durement tancée. J'en ai été meurtrie. J'avais le sentiment d'être dans mon droit. J'avais répondu à une agression. C'est sur la forme que Milou m'avait reprise. Elle m'avait dit : « Quelle que soit la situation, tu ne dois pas t'exprimer comme ça. » Très malade, pas encore sortie du camp, elle gardait la maîtrise de son humeur et de son verbe.

David   Auriez-vous pu vivre avec un ancien déporté ?

Simone   Ç'aurait été très difficile. Il y aurait eu la tentation de parler du camp sans arrêt. Lorsque Paul et moi nous rencontrons, certes nous avons beaucoup de choses à nous dire sur toutes sortes de sujets, mais il n'y a rien à faire : nous en revenons toujours au camp.
Vivre avec quelqu'un qui a vécu la même chose, c'est très lourd. On en parle trop. Pour les enfants d'un tel couple, ce serait insupportable. Cette expérience non partagée devient intolérable aux autres, à plus forte raison aux enfants.

Paul   D'une façon générale, on a déjà du mal à transmettre aux enfants sa propre expérience, quelle qu'elle soit.
Or, cette expérience-là est particulièrement intransmissible. Il devient plus difficile de donner aux enfants une éducation équilibrée. Qu'on le veuille ou non, nos enfants ont subi le choc vécu par leurs parents. Ils ont conscience que leur père ou leur mère ont été déportés et ont vécu une expérience hors du commun.

Simone   Même si notre comportement n'en laisse rien paraître, ils intériorisent la souffrance que nous avons connue.

Pour eux, c'est très lourd. C'est encore plus lourd pour nos conjoints. Ces derniers supportent parfois mal qu'on leur en parle.

David   Les enfants ne ressentent-ils pas les choses autrement ?

Simone   Nous ne cessons de témoigner, d'en parler, mais, en définitive, rares sont les parents qui emmènent leurs enfants à Auschwitz.
Beaucoup d'enfants de déportés que je connais m'ont dit que leurs parents leur en parlaient très peu.
  Ils en parlent surtout à l'extérieur.
  Pour ma part, je suis souvent retournée seule à Auschwitz. Mes enfants et moi avons souvent dit que nous irions ensemble, mais cela ne s'est pas encore trouvé.

David   Les choix que vous avez faits à l'âge de vingt ans, dans l'après-guerre, auraient-ils été très différents sans l'expérience de la déportation ?

Simone   J'aurais certainement fait des études. C'est ce que Maman avait prévu pour ses trois filles. En revanche, je ne me serais sans doute pas mariée aussi jeune.

David   Je me suis toujours demandé si les attaques très violentes dont vous avez été plus tard la cible ne s'adressaient pas inconsciemment à la survivante des camps.
Ces attaques touchaient de très près à votre histoire.

Simone   Rien ne m'a été épargné.
  Après le camp, il y a des formes d'humiliation qu'on ne peut plus supporter. C'est quelque chose qui vous fait perdre le sens de l'humour. En moi, j'en ai gardé une certaine violence. Mais cette violence s'accompagne d'une très grande indifférence. Je me refuse à trouver essentiel quelque chose qui n'en vaut pas la peine. Je refuse que des choses anodines prennent trop d'importance.
En revanche, je vais trouver très importante une question anodine si elle touche à la dignité.
  Paul, qu'en penses-tu ?

Paul   Je suis devenu indifférent aux questions de détail.

Simone   Dans mon enfance, nous respections toutes sortes de principes. Par exemple, mon père nous obligeait à manger de tout.

Pour ma part, j'ai eu la tentation, vis-à-vis de mes enfants et surtout de mes petits-enfants, de ne pas les ennuyer avec des petites choses de ce genre. En revanche, comme beaucoup d'autres adultes de ma génération, je leur ai demandé, plus ou moins consciemment, de se sentir responsables très tôt.

Paul   Une situation particulière nous est commune.

Nous sommes devenus des personnes sans ombre. Nous n'avons pas vécu notre adolescence. À la place, il y a un trou béant. Ce vide a joué un rôle important dans notre comportement ultérieur.

C'est l'un de mes regrets. Nous sommes passés directement de l'enfance à l'âge adulte. Ces adultes que nous sommes trop vite devenus n'étaient pas dépourvus d'expérience, mais, hélas, cette expérience était néfaste. Il a donc fallu extirper tout cela. Mettre de l'ordre en nous-mêmes. Pour cela, rien ni personne ne m'a aidé. Ce fut un travail personnel. Aujourd'hui, à la moindre agression, au moindre traumatisme, vingt-cinq psychiatres se pressent au chevet de la victime pour en atténuer les effets. Ce travail-là, nous étions seuls pour le faire. Notre adolescence nous fait défaut pour toujours.

Simone   Nous sommes passés sans transition dans le camp des adultes. Face à mes enfants cependant, peut-être parce que c'étaient des garçons, je ne crois pas avoir attendu d'eux la maturité que j'avais à vingt ans. Je ne me suis même pas posé la question.

En revanche, pour mes petits-enfants, avec lesquels le décalage est encore plus grand, je me demande si je ne les juge pas trop. J'attends d'eux, en particulier de mes petites-filles, un sens des responsabilités excessif.

Je me demande si je ne suis pas trop exigeante avec elles.

Paul   J'ai un peu froid. Je sors d'une opération. Pourrions-nous passer à l'intérieur ?

Simone   Il faut que tu boives quelque chose de chaud, il faut te réchauffer les mains.

Paul   Tu me réchauffes le cœur.

Simone   Ah, je te réchauffe le cœur !

1947, Simone témoigne pour la première fois

Nous sommes le 4 mars 1947.

Simone Veil est invitée à témoigner à la Sorbonne en tant que « déportée raciale » dans le cadre d'un colloque sur le racisme, avec le concours du CNRS.

Grâce à Denise Vernay, sa sœur, elle rencontre l'ethnologue Germaine Tillion, résistante, membre du réseau du Musée de l'Homme et déportée à Ravensbrück.

Le colloque a lieu en duplex avec la BBC et en présence d'ethnologues et de scientifiques français et britanniques. Moins de deux ans après la fin de la Seconde Guerre mondiale, dans un contexte encore colonial, un long travail d'explication reste à mener.

Le Pr Holden, de l'Université de Londres, prend la parole : « On ne peut pas comparer la sélection des races chez l'animal et chez l'homme. Les thèses hitlériennes sont aussi fausses d'un point de vue biologique que d'un point de vue moral. »

Deux ans plus tard, en 1949, l'UNESCO mobilisera Claude Lévi-Strauss, Alfred Métraux et Michel Leiris dans un programme mondial de lutte contre le racisme.

Simone Veil a vingt ans.

Elle est étudiante en droit et à l'Institut d'études politiques.

C'est son premier témoignage public.

David Teboul

— Je vais maintenant passer la parole à Mme Veil, qui va nous parler de son expérience de déportée raciale.
Madame Veil, vous avez la parole.

— Je voudrais seulement apporter ici le témoignage de ce que j'ai pu observer en Allemagne au sujet de la race juive. Je me suis trouvée en contact, à Auschwitz, avec beaucoup d'Israélites déportées de tous les pays, de Hollande, de Grèce, de Belgique, de France, de Hongrie, de Tchécoslovaquie, de Pologne. D'après la théorie allemande de la race juive, ces gens auraient tous dû avoir un type commun. Or, j'ai remarqué très souvent que, dès que je voyais une Grecque et que je la reconnaissais à son langage, je pouvais aussi la reconnaître en même temps à son type. Elle était en général brune avec des yeux noisettes. De même, les Hollandaises, au lieu d'avoir un type sémite comme elles auraient dû l'avoir, avaient en général des cheveux blonds, des yeux bleus, elles étaient assez fortes et assez grandes. Les Hongroises, par contre, avaient les pommettes saillantes et les yeux étirés en longueur. Tous ces gens se regroupaient non pas d'après leur race, mais d'après leur nationalité. Lorsqu'elles étaient mélangées avec des aryennes, les Grecques juives se regroupaient avec des Grecques aryennes, les Françaises juives se regroupaient avec les Françaises aryennes, et ne se regroupaient pas entre Grecques et Françaises juives et Grecques et Françaises aryennes. Seules les Polonaises faisaient exception à cette règle. En effet, les Juives polonaises ont un type très différent de celui des aryennes, elles parlent mal le polonais, elles ont un type sémite assez prononcé, selon ce qu'on dit être le type sémite, et ceci tient, je crois, à ce qu'elles ont toujours vécu dans des ghettos et ont toujours été repoussées par la communauté polonaise. De même, elles étaient assez haïes par les autres Polonaises et avaient un sentiment religieux très fort. Le souvenir que les Françaises, en général, ont gardé des camps de concentration est qu'elles se sont senties très différentes des Israélites des autres pays. Elles se sentent françaises avant tout et n'ont pas voulu aller en Palestine comme les Polonaises. Elles ont voulu rentrer en France.

— Avez-vous quelque chose à ajouter, Madame Veil ?

— Non.

— Je vous remercie.

Le Kaddish sera dit sur ma tombe

RA.207.586.   1.799.

MINISTÈRE DE L'INTÉRIEUR

ALPES-MARITIMES

Police d'État de Nice

5 · ARRONDISSEMENT

Service des ~~P~~

M~~ademoiselle~~   JACOB Simone Annie Liline
née à   Nice
le   13 Juillet 1927
fille de   André Jacques JACOB
et de   Yvonne Steinmetz
Marié ~~à~~   célibataire
Profession :   ~~sans~~ étudiante
Résidant à Nice, rue   Cluvier n°1
~~Accompagné~~ de
~~Sollicite un passeport pour se rendre à~~
~~Israélite.~~

Autorisation maritale :   Jacob
Pièces d'identité produites : { livret de famille n° 685 }
                 ou attestation de Paris 9ème (22.5.22)
M. ~~onsieur~~   FIXON Julien   { C.I. n° 6691
(Adresse) :   1 rue Cluvier Nice   Nice 7.11.39
M. ~~onsieur~~   LIPPMANN Claude   { Permis C° 110.419
(Adresse) :   7 rue Gutenberg   Nice 16.7.39

Nice, le 14 Septembre 1942

LE COMMISSAIRE DE POLICE,

M. 2586 H

Née et élevée au sein d'une famille française de longue date, j'étais française sans avoir à me poser de question.
Mais être juive, qu'est-ce que cela signifie pour moi, comme pour mes parents, dès lors qu'agnostique – comme l'étaient déjà mes grands-parents –, la religion était totalement absente de notre foyer familial ?

De mon père, j'ai surtout retenu que son appartenance à la judéité était liée au savoir et à la culture que les Juifs ont acquis au fil des siècles, en des temps où fort peu y avaient accès.
Ils étaient demeurés le peuple du Livre, quelles que soient les persécutions, la misère et l'errance.

Pour ma mère, il s'agissait davantage d'un attachement aux valeurs pour lesquelles, au long de leur longue et tragique histoire, les Juifs n'avaient cessé de lutter : la tolérance, le respect des droits de chacun et de toutes les identités, la solidarité.

Tous deux sont morts en déportation, me laissant pour seul héritage ces valeurs humanistes que pour eux le judaïsme incarnait.

De cet héritage, il ne m'est pas possible de dissocier le souvenir sans cesse présent, obsédant même, des six millions de Juifs exterminés pour la seule raison qu'ils étaient juifs.
Six millions dont furent mes parents, mon frère et nombre de mes proches. Je ne peux me séparer d'eux.

Cela suffit pour que, jusqu'à ma mort, ma judéité soit imprescriptible.

Le Kaddish sera dit sur ma tombe.

Simone Veil

Un jour, Simone Veil m'a parlé d'un ouvrage
américain auquel elle avait participé.
Le livre, en hommage au journaliste américain
Daniel Pearl, assassiné en 2002, s'appelait
I am Jewish.
Des Juifs du monde entier tentaient d'y définir
leur rapport à leur judéité.
Quelques jours plus tard, j'ai insisté pour
l'enregistrer lisant son texte.
Sa voix disant « le Kaddish sera dit sur ma tombe »
a inauguré la cérémonie de son entrée au Panthéon.
Il est naturel qu'il termine *L'Aube à Birkenau*.

David Teboul

Glossaire	*Block*	Baraquement où dormaient les détenus. À Birkenau, l'effectif d'un block peut être de 400 à 500 détenus, voire beaucoup plus.
	Blockältester	Chef de block recruté parmi les détenus. (en polonais *Blockowa*)
	Canada	À Birkenau, endroit où étaient déposés les bagages confisqués aux déportés (une trentaine de baraquements). « […] au Canada, c'est comme ça que les Polonaises avaient baptisé le triage des vêtements, parce que c'était le moins dur des postes de travail, celui qu'on espérait toutes, celui où on pouvait tomber sur un vieux croûton de pain au fond d'une poche, ou sur une pièce d'or dans un ourlet. Les Français auraient dit le Pérou. Étrange cartographie du monde miniaturisé dans le camp en langue polonaise. Le Mexique, sans que je sache pourquoi, signifiait la mort prochaine. » (Marceline Loridan-Ivens, *Et tu n'es pas revenu*, Grasset, 2015)
	Coya	Châlit en bois ou en briques à trois étages, avec grabats pour quatre ou cinq personnes.
	Kapo	Détenu chargé de commander les équipes.
	Lagerältester	Détenu « doyen », responsable de la gestion interne du camp.
	Läuferin	Porteuse de messages à l'intérieur du camp.
	Musulman (e)	Déporté à bout de forces, épuisé par le travail et les mauvais traitements. « On les appelait les musulmanes, je ne sais pas pourquoi, encore un mot des Polonaises peut-être à cause des couvertures qu'elles posaient sur leur tête. » (Marceline Loridan-Ivens, *ibid.*)
	Stubowa	Auxiliaire d'une *Blockowa*, une cheffe de block.
	Volksdeutsche	Descendants d'Allemands, nés et vivant en dehors du Reich. Les nazis les différenciaient des Allemands du Reich.

Un remerciement tout particulier
à Philippe Garnier.

À Jean et Pierre-François Veil
pour leur confiance et leur soutien.

À Eva Albarrán, qui m'a accompagné
au Panthéon,
à Xavier Carniaux, qui a été là au début
de ma rencontre avec Simone Veil,
à Clément Dupeux, pour sa patience,
à Jacqueline Frydman, pour son amitié,
à Annette Wieviorka,
qui m'a beaucoup appris.

À Laurent Goumarre, pour ce qu'il sait.

À mon agent Olivier Rubinstein,
à Isabelle Wekstein, mon avocate,
toujours là et attentive,
à mon éditeur Laurent Beccaria
qui a tout de suite entendu le livre,
à Bruno Monguzzi, une belle rencontre,
à toute l'équipe des Arènes,
notamment Marie Baird-Smith,
Flore Gurrey et Isabelle Paccalet.
À Élise Boulay et Éric Pillault
pour l'édition poche.

À Delphine Haby, Jacqueline Haby,
Matthias Haby, Ingrid Haziot.
Et Alain Raoust pour son accueil à Nice.

Et bien sûr à Denise Vernay,
Marceline Loridan-Ivens
et Paul Schaffer, pour avoir été là.

Photos :
Archives familiales
de Jean et Pierre-François Veil

Concept graphique :
Bruno Monguzzi
Photogravure :
Les Artisans du Regard

Composition et mise en pages
Nord Compo à Villeneuve-d'Ascq

Pocket, 92 Avenue de France - 75013 Paris

Imprimé en France
par Estimprim - 25110 Autechaux
S32040/03

Le 1er juillet 2018, avec Simone Veil, c'est le convoi n° 71 qui est entré au Panthéon. Il avait quitté la France le 13 avril 1944. À son bord, mille cinq cents personnes, dont trente-quatre des enfants raflés à la Maison d'Izieu, Simone Jacob, sa mère Yvonne et sa sœur Madeleine.

Ce livre est dédié à Albert Bulka, le plus jeune des enfants d'Izieu, assassiné dès son arrivée à Auschwitz, à l'âge de quatre ans.

David Teboul est cinéaste et photographe. Il a réalisé des installations et plusieurs documentaires, dont *Yves Saint Laurent, 5 avenue Marceau 75116 Paris* (2002), *Mon amour* (tourné en Sibérie en 2016), *Sigmund Freud, un juif sans Dieu* (2020) et *Hervé Guibert, la mort propagande* (2021).

« Les arbres à Birkenau », 2018
Photo David Teboul,
Courtesy Galerie Albarrán Bourdais, Madrid